Linsen & Bohnen

Unser Verlagsprogramm finden Sie unter
www.christian-verlag.de

Produktmanagement: Annika Genning
Textredaktion: Kathrin Gritschneder
Korrektur: Petra Tröger
Layout und Satz: Ute Schneider, u.s.design
Umschlaggestaltung: Caroline Daphne
Georgiadis, Daphne Design

Text und Rezepte: Manuela Rüther
Mitarbeit Rezepte: Susanne Wilkat
Fotografie: Manuela Rüther, www.elaruether.de
Foodstyling: Julia Floss, Karsten Krausch,
Christine Rüther
Fotoassistenz: Thomas Epping

Dank an
Doris Bank Ceramik
Estella Kochlust
Mosáico Fliesenmanufaktur
Der junge Garten
werkform

Herstellung: Bettina Schippel
Repro: Repro Ludwig, Zell am See

Druck und Bindung: Printer Trento
Printed in Italy

Die Deutsche Nationalbibliothek verzeichnet diese
Publikation in der Deutschen Nationalbibliografie;
detaillierte bibliografische Daten sind im Internet
über http://dnb.d-nb.de abrufbar.
© 2012, Christian Verlag GmbH, München
1. Auflage 2012
Alle Rechte vorbehalten.

ISBN 978-3-86244-214-0

Alle Angaben in diesem Werk wurden von der
Autorin sorgfältig recherchiert und auf den aktuel-
len Stand gebracht sowie vom Verlag geprüft. Für
die Richtigkeit der Angaben kann jedoch keinerlei
Haftung übernommen werden. Für Hinweise und
Anregungen sind wir jederzeit dankbar. Bitte rich-
ten Sie diese an:

Christian Verlag
Postfach 400209
80702 München
E-Mail: lektorat@verlagshaus.de

Linsen & Bohnen

Die 100 besten Rezepte für Hülsenfrüchte

CHRISTIAN

Inhalt

Vorwort

Vor mir stapeln sich Dutzende *Erbsen-, Linsen- und Bohnen-sorten*. Eine Rezeptidee nach der anderen schießt mir durch den Kopf. Man muss sich nur umschauen und findet in fast jedem Land spannende Leckereien. Wer könnte sich die *indische Küche* ohne die zigtausend Dal-Zubereitungen vorstellen oder die arabische ohne Falafel? Was wären asiatische Gerichte ohne Tofu und Mungbohnen? Was wäre ein Winter ohne Omas Dicke Bohnen? Oder ein Sommer ohne knackig-frische Erbsen und Bohnen aus dem Garten? – Unvorstellbar!

Welch ein Glück: *Hülsenfrüchte* sind auch noch gesund, denn sie stecken voller Eiweiß, Vitamine und Mineralstoffe. Da sprudeln die Ideen: Es entstehen kreative Snacks und knackige Salate, würzige Suppen und Currys sowie kross überbackene Aufläufe ... und natürlich machen Linsen & Co. auch als „Beilage" immer eine gute Figur. Sogar für süße Schleckermäuler gibt es hier Ideen.

Hunger? Lust, gleich loszukochen? Dann lassen Sie sich auf den folgenden Seiten inspirieren. Ich wünsche Ihnen viel Spaß beim Einkaufen, Kochen und Schlemmen!

Warenkunde und Einkaufstipps

Weltweit gibt es etwa 18 000 verschiedene Hülsenfruchtarten. Auf den folgenden Seiten finden Sie die wichtigsten Hülsenfrüchte sowie hilfreiche Tipps zu Einkauf, Lagerung und Zubereitung.

Erbsen, Bohnen, Linsen, Kichererbsen, Süßlupinen, Sojabohnen und Erdnüsse zählen zu den essbaren Hülsenfrüchten. Es gibt sie frisch und getrocknet, in Dosen und Gläsern oder tiefgekühlt. Kichererbsen, Linsen, Süßlupinen und Sojabohnen werden zudem als glutenfreies Mehl angeboten. Hülsenfrüchte besitzen unter den pflanzlichen Lebensmitteln den höchsten Eiweißgehalt. Sie sind mit Ausnahme der Sojabohne fett- und kalorienarm und eine wichtige Quelle für Magnesium, Eisen, Zink, für Vitamin B1 sowie für andere B-Vitamine. Durch ihren hohen Anteil an Ballaststoffen stärken sie außerdem die Darmgesundheit und den Stoffwechsel.

Frische Hülsenfrüchte

Knackfrische Erbsen und Bohnen aus dem Garten sind unwiderstehlich. Erbsen werden zwischen Mai und August angeboten, Bohnen von Juli bis September. Die wichtigsten Erbsensorten sind Mark- und Palerbsen und Zuckerschoten. Daneben gibt es weniger bekannte Sorten wie die blaue Speiseerbse. Während Palerbsen getrocknet werden, eignen sich die zarten Markerbsen hervorragend für die frische Erbsenküche. Süß und fein schmecken auch die Zuckerschoten, auch Kaiserschoten oder Kefen genannt. Da diese unreif geerntet werden, haben sie nur winzige Samenkörner und die Pergamentschicht im Inneren der Schale ist noch weich und essbar.
In Deutschland sind weit über 100 verschiedene Bohnensorten gelistet. Man unterscheidet sie nach ihrer Anbauform in Stangen- und Buschbohnen sowie nach ihrer Hülsenform in flache und breite Schnippel- und Brechbohnen. Letztere unterteilen sich wiederum in die feinen Delikatess- sowie die gelben Wachsbohnen

und sogar die blauen Bohnen. Aus Asien werden Schlangenbohnen importiert, aus Kenia stammt die feine Keniabohne.
Nicht zu vergessen sind die Dicken Bohnen, auch Acker-, Fava- oder Saubohnen genannt.

Lagerung frischer Hülsenfrüchte

Verbrauchen Sie frische Erbsen und Bohnen möglichst innerhalb weniger Tage. Im Kühlschrank halten sie sich in Papier oder im perforierten Plastikbeutel zwar, verlieren aber kontinuierlich an Geschmack und Vitaminen. Erbsen reifen zudem nach, wandeln Zucker in Stärke um und schmecken dann mehlig.

Einkaufstipps für frische Erbsen und Bohnen

Frische Erbsen und Bohnen müssen knackig aussehen und frisch-würzig riechen. Erbsen sind hellgrün und zartschalig, ihr Geschmack ist fruchtig-süß, jedoch keinesfalls mehlig. Bohnen knacken beim Durchbrechen und bekommen eine feuchte Bruchstelle.

Getrocknete Hülsenfrüchte

Der Inbegriff der Hülsenfrüchte sind getrocknete grüne und gelbe Erbsen, Kichererbsen, Bohnen und Linsen. Besonders das Angebot an getrockneten Bohnen und Linsen ist riesig und auf den ersten Blick unübersichtlich. Kidneybohnen, weiße und schwarze Bohnen sowie Sojabohnen kennt jeder.

Doch es lohnt sich, auch unbekanntere Sorten zu entdecken: Lima- oder Riesen-, Augen- und Wachtelbohnen sind zwar weniger häufig zu finden, jedoch ebenso lecker. Die länglichen Cannellinibohnen sind in der italienischen Küche beliebt, die würzig-zarten Flageoletbohnen und Cocobeans eher in der französischen. Feuerbohnen sind aus der steirischen Küche nicht wegzudenken, hier heißen sie Käferbohnen. Viele Gerichte der asiatischen Küche basieren auf nahrhaften Mungbohnen oder deren Sprossen und auf den sämigen Adzukibohnen.

Vielfältige Linsenauswahl

Ebenso spannend wie das Bohnenangebot ist das Sortiment an Linsen. Allein die indische Küche kennt über 50 verschiedene Sorten, darunter gelbe Linsen, die „Toor Dal", „Chana Dal" oder „Mung Dal" heißen, schwarze „Urad Dal" sowie kleine rote Linsen. In Europa und Nordamerika wachsen ebenfalls interessante Sorten: Klein, festkochend und leicht nussig im Geschmack sind zum Beispiel die Berglinsen aus Umbrien. Puylinsen aus dem französischen Zentralmassiv und die nordamerikanischen Belugalinsen bleiben beim Kochen ebenfalls kernig und haben ein vollmundiges Aroma. Alle drei Sorten eignen sich für Salate und Gemüsebeilagen. Für einen guten Eintopf oder ein feines Püree sind Tellerlinsen die erste Wahl.

Die Samen der blauen Süßlupine sind als Nahrungsmittel noch wenig bekannt. Da sie hochwertiges Eiweiß enthalten, gelten sie seit den 90er-Jahren als heimische Soja-Alternative. Sie werden zu glutenfreiem Lupinenmehl, Lupinenmilch und zu quarkähnlichen Produkten (Lupinenquark) verarbeitet.

Lagerung getrockneter Hülsenfrüchte

Geschälte und getrocknete Hülsenfrüchte sollten Sie innerhalb von sechs Monaten aufbrauchen. Hülsenfrüchte mit Schale sind ein bis zwei Jahre haltbar. Um angebrochene Packungen vor Schädlingen und Feuchtigkeit zu schützen, bewahren Sie sie trocken, luftdicht und dunkel, am besten in gut verschlossenen Dosen oder Gläsern auf. Längere Zeit aufbewahrte Hülsenfrüchte können nachtrocknen. Ihre Garzeit verlängert sich entsprechend.

Einkaufstipps für getrocknete Hülsenfrüchte

Beim Kauf von getrockneten Hülsenfrüchten darauf achten, dass die Packung richtig verschlossen ist. Die Hülsenfrüchte sollen sauber und glänzend aussehen, weder staubig noch feucht und natürlich ohne Schimmelbefall sein. Löcher oder dunkel scheinende Stellen deuten auf Schädlingsbefall hin.

Kochen und Zubereiten

Hülsenfrüchte sind wahre Alleskönner in der Küche. Sie harmonieren perfekt mit allen erdenklichen Zutaten und Gewürzen. Und dazu sind sie auch noch richtig gesund. Hier einige Grundregeln, die Sie beim Kochen beherzigen sollten.

Gut zu wissen

Essen Sie Hülsenfrüchte keinesfalls roh, denn sie enthalten giftige Inhaltsstoffe wie Lectine und blausäurehaltige Verbindungen. Diese Stoffe werden durch das Einweichen und durch ausreichend lange Kochzeiten unschädlich gemacht.

Zudem besitzen Hülsenfrüchte für den Menschen unverdauliche Oligosaccharide, die Blähungen verursachen. Folgende Gewürze wirken entspannend auf die Darmmuskulatur und können so Abhilfe schaffen: Fenchel, Anis, Kreuzkümmel, Koriander und Kümmel, Rosmarin, Bohnenkraut und Senfsaat.

Getrocknete Hülsenfrüchte zubereiten

Verlesen und Waschen: Geben Sie die Hülsenfrüchte mit viel kaltem Wasser in eine Schüssel und lesen Sie diejenigen heraus, die obenauf schwimmen. Diese können von Schädlingen befallen sein.

Einweichen: Linsen und geschälte Erbsen müssen Sie nicht einweichen. Alle anderen getrockneten Hülsenfrüchte sollten Sie vor dem Kochen in der drei- bis vierfachen Menge kaltem Wasser 12 Stunden einweichen. Favabohnen sollten Sie 24 Stunden einweichen und zwischendurch das Wasser wechseln. Beim Einweichen verdoppelt sich das Gewicht der Hülsenfrüchte (*siehe Tabelle Seite 13*).

Falls Sie das Einweichen einmal vergessen oder nicht genug Zeit haben, können Sie es folgendermaßen umgehen: Kochen Sie die Hülsenfrüchte mit der dreifachen Menge Wasser auf und lassen Sie sie 2 Stunden im Kochwasser quellen. Nun spülen Sie die Hülsenfrüchte ab und verarbeiten sie laut Rezept weiter.

Spülen: Nach dem Einweichen sollten Sie das Wasser wegschütten und die Hülsenfrüchte kurz mit kaltem Wasser abspülen. Denn im Einweichwasser sind ein Teil der schwerverdaulichen, Blähungen verursachenden Oligosaccharide gelöst.

Kochen: Bedecken Sie die Hülsenfrüchte gut mit frischem Wasser und bringen Sie sie zugedeckt zum Kochen. Legen Sie den Deckel nun halb auf, reduzieren Sie die Temperatur und kochen Sie die Hülsenfrüchte auf kleinster Stufe weich. Wichtig ist, dass sie die ganze Zeit mit Wasser bedeckt sind. Falls zu viel Wasser verdampft ist, gießen Sie unbedingt heißes Wasser nach.

Die Kochzeit der Hülsenfrüchte variiert je nach Sorte, Alter, Einweichzeit, Wasserhärte und Verwendung. Außer für rote und gelbe Linsen gilt: Kochen Sie getrockneten Hülsenfrüchte eher länger als zu kurz. So werden sie bekömmlicher und schmackhafter (*siehe Tabelle Seite 13*).

Würzen: Zu viel Salz und die Zugabe von säurehaltigen Zutaten wie Zitronensaft, Essig und Weißwein sowie säurehaltigen Früchten, Sojasauce und Senf können bewirken, dass die Hülsenfrüchte nicht gar werden und unverdaulich bleiben. Deshalb sollten Sie diese Zutaten erst dann zum Gericht geben, wenn die Hülsenfrüchte weich genug sind. Getrocknete Kräuter und milde Gewürze wie Lorbeer, Bohnenkraut, Thymian, Majoran, Koriander, Kümmel und Kreuzkümmel können Sie von Anfang an dazugeben.

Noch ein Tipp: Kochen Sie Hülsenfrüchte auf Vorrat und frieren Sie sie portionsweise ein.

Hülsenfrüchte aus Dose oder Glas

Wenn es schnell gehen muss, sind Kichererbsen, Bohnen und Linsen aus Dose oder Glas eine Alternative. Anders als Frischware verlieren diese in der Konserve kaum an Struktur und Farbe. Hat man die schleimige

Flüssigkeit abgespült, kommen Kidneybohnen, Kichererbsen und Co. den getrockneten Früchten geschmacklich und farblich sogar recht nah. Möchten Sie die Dosenware für ein Rezept verwenden, verdoppeln Sie einfach die angegebene Menge für die getrocknete Variante im Rezept und gehen vom Abtropfgewicht der Konserven aus.

Erbsen und Bohnen werden zur Konservierung erhitzt und sind deshalb schon vorgegart. Sie sehen eher grau als grün aus und schmecken weich und vergleichsweise fad. Als einen Vorteil der Dosen- oder Glasgemüse kann man ihre schnelle Zubereitung und die lange Lagerfähigkeit bei Raumtemperatur sowie die ständige Verfügbarkeit sehen.

Erbsen und Dicke Bohnen kochen

Frische Erbsen und Dicke Bohnen müssen vor dem Zubereiten aus ihren Hülsen gepalt werden. Dazu reißen Sie die Hülsen auf und schieben die Samen mit dem Daumen heraus. 1 Kilogramm Dicke Bohnen ergibt etwa 300 Gramm Kerne, 1 Kilogramm Erbsenschoten etwa 400 – 500 Gramm Erbsen.

Frische Bohnen sollten Sie vor dem Kochen waschen und von Stielen und Blütenansätzen befreien. Manche Stangenbohnen (Breite Bohnen) haben an einer Seite einen Faden, den Sie vor dem Kochen abziehen sollten. Die meisten Bohnensorten sind aber zuchtbedingt inzwischen „fadenlos".

Blanchieren oder Dünsten

Zuckerschoten und Erbsen schmecken roh, in Salzwasser blanchiert oder in Butter und etwas Gemüsebrühe gedünstet. Bohnen müssen blanchiert werden, nur so verlieren sie ihre giftigen Inhaltsstoffe. Für 200 – 300 Gramm Gartenbohnen oder gepalte Erbsen 1 Liter Wasser mit 15 – 20 Gramm Salz aufkochen. Kochen Sie das Gemüse offen im sprudelnden Wasser bissfest. Bohnen sind fertig, wenn sie beim Kauen nicht mehr quietschen. Das dauert je nach Dicke der Hülsenfrüchte 6 – 10 Minuten. Frische Erbsen benötigen nur 5 – 6 Minuten.

Nach dem Kochen abseihen und abschrecken. Gerade grünes Gemüse sollte, damit es seine schöne Farbe behält, schnell abkühlen. Sie können es dazu in kräftig gesalzenes Eiswasser geben oder unter fließend kaltem Wasser abschrecken. Beides hat den Nachteil, dass Geschmack und Nährstoffe verloren gehen. Alternativ lassen Sie das Gemüse auf einer große Platte oder einem Blech abkühlen. Stellen Sie dieses, falls möglich, 10 Minuten in die Tiefkühltruhe.

Kochen im Schnellkochtopf

Hülsenfrüchte lassen sich übrigens auch sehr gut im Schnellkochtopf zubereiten. Das reduziert die langen Kochzeiten, spart Energie und schont wertvolle Inhaltstoffe. Frische Erbsen, Zuckerschoten und Bohnen garen besonders schonend im Dämpfeinsatz des Schnellkochtopfs. Einzig rote und gelbe Linsen würde ich nicht im Schnellkochtopf kochen, da sie allzu schnell zerfallen.

Sprossen und Keimlinge aus Hülsenfrüchten

Mungbohnenkeimlinge und Sojasprossen machen Suppen und Salate knackig und besonders. Zudem enthalten sie Vitamine und Mineralstoffe. Die getrockneten Samen von Hülsenfrüchten eignen sich besonders gut, um Keimlinge und Sprossen selbst zu ziehen. Bei der Aufzucht sollte man allerdings sehr hygienisch vorgehen, da Krankheitserreger und Bakterien (z.B. EHEC, Salmonellen, Colibakterien und Hefepilze) das feucht-warme Milieu mögen. Falls die Keimlinge „muffig" riechen, schimmeln oder schleimig aussehen, sind sie nicht mehr essbar. Auch fertig gezogene und abgepackte Sprossen sollten sehr gründlich gewaschen und in kurzer Zeit verzehrt werden. Bakterien können sich auf den verpackten Sprossen innerhalb weniger Tage schnell vermehren. Personen mit geschwächter Immunabwehr sollten generell daher am besten auf Sprossen verzichten.

Einweich- und Kochzeiten für Hülsenfrüchte

	Einweichzeit (in Stunden)	Kochzeit (in Minuten) konventionell	Kochzeit (in Minuten) im Schnellkochtopf
Frisch			
Breite Bohnen/Stangenbohnen	–	8–10	5–7
Dicke Bohnen (Kerne)	–	6–8	4–6
Erbsen, frisch	–	5–6	3–5
Erbsen, TK	–	3–4	3
Busch-/Schnippel-/Schlangen-/Spargelbohnen	–	8–10	5–7
Prinzess-/Keniabohnen	–	4–6	3–5
Zuckerschoten	–	2–3	3–5
Getrocknet			
Augenbohnen	12	30–45	20
Belugalinsen	–	30–40	15–20
Berglinsen	–	30–40	15–20
Cannellinibohnen	12	60–90	30–60
Dicke Bohnen/Favabohnen	24	120	60
Erbsen, gelbe und grüne Schälerbsen	–	30–45	15–20
Erbsen, grüne und gelbe (mit Schale)	12	60	30
Feuerbohnen	12	120	60
Kichererbsen	12	60	30
Kidneybohnen	12	50–60	20–30
Limabohnen	12	120–150	60–75
Linsen, gelbe und rote	–	6–8	(ungeeignet)
Mungbohnen	12	30–40	20
Munglinsen	–	10–15	5–10
Puylinsen	–	35–40	20
Sojabohnen	12	120	60
Tellerlinsen	–	45	20
Urdbohnen	12	60	30
Wachtelbohnen	12	50–60	25–30
weiße Bohnen	12	60	30

Snack & Dip

Diese Rezepte gehören zu meinen Lieblingen.

Sie sind schnell zubereitet und einfach himmlisch.

Und sie sorgen überall für Begeisterung: auf Grill-

partys, beim Picknick und beim Brunchbüfett.

Als Häppchen vor dem Essen machen sie sich

ebenfalls besonders gut.

Kichererbsen-Pflaumen-Paste

Zubereitung: 15 Minuten
plus 12 Stunden zum Einweichen
Garzeit: 1 Stunde

Zutaten

100 g getrocknete
Kichererbsen
300 g Pflaumen | 1 Sternanis
1 kleine Zimtstange | Salz
schwarzer Pfeffer aus der
Mühle | 1 EL Honig
2 EL Walnussöl
1–2 EL heller Balsamicoessig

▌ Die Kichererbsen 12 Stunden in reichlich kaltem Wasser einweichen, abseihen und abbrausen.

▌ Die Kichererbsen mit 1 Liter Wasser, Anis und Zimts aufkochen. Die Temperatur reduzieren. Den Deckel so auflegen, dass ein Spalt offen bleibt, und die Kichererbsen mindestens 1 Stunde sanft köcheln.

▌ Abseihen, das Kochwasser auffangen, Anis und Zimt entfernen. Die Kichererbsen in eine Küchenmaschine geben. 2–3 Esslöffel Kochwasser, Salz, Pfeffer, Honig, Öl und Balsamico dazugeben. Alles pürieren und abschmecken.

▌ Die Pflaumen waschen und entsteinen. Zwei Drittel zum Kichererbsenpüree geben und ebenfalls pürieren, ein Drittel klein schneiden und unterrühren. Mit Salz und Pfeffer abschmecken.

Püree aus weißen Bohnen mit Knoblauch

Zubereitung: 10 Minuten
plus 12 Stunden zum Einweichen
Garzeit: 1 Stunde

Zutaten

150 g getrocknete
weiße Bohnen
4 Knoblauchzehen
2 Zweige Rosmarin | Salz
Saft von ½ Biozitrone
4–6 EL Olivenöl | schwarzer
Pfeffer aus der Mühle

▌ Die Knoblauchzehen schälen. Mit den Bohnen, 1 Liter Wasser und dem Rosmarin in einen Topf geben und aufkochen. Die Temperatur reduzieren und den Deckel so auflegen, dass ein Spalt offen bleibt. Die Bohnen mindestens 1 Stunde sanft köcheln lassen. Falls nötig, etwas Wasser nachgießen. Die Bohnen sind gar gekocht, wenn sie fast zerfallen.

▌ Die gekochten Bohnen abseihen und das Kochwasser dabei auffangen. Den Rosmarin entfernen. Die Bohnen mit etwa 50–70 Milliliter Kochwasser in eine Küchenmaschine geben. Salz, Zitronensaft sowie Öl zu den Bohnen geben und alles fein pürieren. Mit Salz und Pfeffer abschmecken.

Dicke-Bohnen-Chutney

Zubereitung: 25–30 Minuten
Garzeit: 6–8 Minuten

Zutaten

200 g frische Dicke Bohnenkerne, ersatzweise TK
Salz | 1 kleine Zwiebel
1 saurer Apfel | 1 EL Walnussöl
3 EL Rübensirup
100 ml Apfelessig
50 ml Weißwein
50 g Walnüsse
einige Zweige glatte Petersilie

▌ Die Bohnen in 1 Liter gesalzenem Wasser 6–8 Minuten blanchieren, abseihen und kalt abbrausen. Die Bohnen aus ihren Hüllen
palen.

▌ Die Zwiebel und den Apfel schälen und fein würfeln. Die Zwiebeln
im heißen Öl glasig anbraten, Apfel sowie Bohnen hinzufügen und
3 Minuten mitbraten. Mit Rübensirup beträufeln, die Temperatur
reduzieren und alles kurz schwenken. Mit Apfelessig und Weißwein
ablöschen und wieder schwenken. Das Chutney abkühlen lassen,
eventuell mit einer Gabel zerdrücken.

▌ Den Backofen auf 180 °C (Ober-/Unterhitze) vorheizen und die
Walnüsse darin goldbraun rösten, grob hacken. Die Petersilie
waschen, trocken schütteln, die Blätter fein schneiden. Walnüsse und
Petersilie unterrühren, mit Salz und Pfeffer abschmecken.

Puylinsen-Oliven-Dip

Zubereitung: 15 Minuten
Garzeit: 30–45 Minuten

Zutaten

150 g getrocknete Puylinsen
100 g getrocknete schwarze
Oliven, ohne Stein
1 kleine Zwiebel | 1 Karotte
50 g Knollensellerie | 1 Zweig
Rosmarin | 4 EL Olivenöl
Salz | schwarzer Pfeffer aus
der Mühle
einige Zweige Basilikum

▌ Die Zwiebel, die Karotte und den Sellerie schälen und würfeln. Die
Gemüsewürfel mit dem Rosmarin in 1 Esslöffel Öl anschwitzen. Mit
1 Liter Wasser aufgießen. Die Puylinsen hineingeben, alles aufkochen und die Temperatur reduzieren. Bei mittlerer Temperatur in
35–40 Minuten weich kochen. Die Linsen-Gemüse-Mischung
abseihen, das Kochwasser auffangen, den Rosmarin entfernen.

▌ Die Linsen-Gemüse-Mischung mit Oliven, Salz, restlichem Olivenöl
und 2–3 Esslöffeln Kochwasser in eine Küchenmaschine geben
und nicht zu fein pürieren. Basilikum waschen, trocken schütteln, die
Blätter abzupfen und in feine Streifen schneiden. Zuletzt unter den
Dip rühren und diesen mit Salz und Pfeffer abschmecken.

Schlangenbohnen im Tempurateig

Knackige, frische Bohnen im knusprigen Teigmantel

Zubereitung: 25 Minuten
Garzeit: 8 – 10 Minuten

Zutaten

500 g Schlangenbohnen
Salz
Mehl zum Wenden
Öl zum Frittieren

Für den Teig
200 ml eiskaltes Wasser
125 g Tempuramehl, ersatzweise Mehl
mit 1 Msp. Backpulver

Für den Dip
70 ml Sojasauce
1 EL Zitronensaft
1 TL Wasabipaste

▌ Für den Teig das Wasser mit dem Tempuramehl zügig verrühren und kalt stellen. Für den Dip die Sojasauce mit dem Zitronensaft vermischen. Die Wasabipaste kurz vor dem Servieren unterrühren.

▌ 1,5 Liter gesalzenes Wasser in einem großen Topf aufkochen. Währenddessen die Schlangenbohnen waschen, putzen und in 12 Zentimeter lange Stücke schneiden. Im kochenden Wasser 8 – 10 Minuten blanchieren. Die Bohnen herausnehmen und kurz mit kaltem Wasser abbrausen. Auf Küchenkrepp legen und trocken tupfen.

▌ Zum Frittieren 1,5 Liter Öl in einem großen Topf auf 180 °C erhitzen. Die Bohnenstücke einzeln zuerst in Mehl wenden, dann in den Tempurateig dippen und anschließend in das heiße Fett geben. Goldbraun frittieren und mit einer Schaumkelle herausnehmen. Die Schlangenbohnen auf Küchenkrepp abtropfen lassen und salzen. Sofort mit dem Soja-Wasabi-Dip servieren.

Tipp: Schlangenbohnen sind aromatisch und bleiben schön fest. Sie finden sie im Asia-Laden. Falls Sie keine Schlangenbohnen bekommen, können Sie das Rezept genauso gut mit Gartenbohnen zubereiten.

Bohnensushi mit Ingwer und Erdnüssen

Damit die Sushirollen richtig rund werden, braucht es ein wenig Übung. Lassen Sie sich nicht entmutigen!

Zubereitung: 30–40 Minuten
Garzeit: 25 Minuten

Zutaten

200 g feine Keniabohnen
300 g Rundkornreis
2 EL eingelegter Ingwer
100 g Erdnüsse
4 EL japanischer Reisessig
2 EL Zucker
½ TL Salz
100 g weicher Tofu
½ Bund Koriandergrün
4–5 Nori-Blätter
1 TL Wasabipaste
150 ml Sojasauce
Essigwasser zum Sushirollen

▌ Reisessig, Zucker und Salz aufkochen und abkühlen lassen. Den Reis in einem Sieb waschen und abtropfen lassen. Mit 330 Milliliter Wasser zugedeckt aufkochen. 5 Minuten sprudelnd kochen, die Temperatur reduzieren und weitere 10 Minuten köcheln lassen. Vom Herd nehmen, 10 Minuten zugedeckt quellen lassen.

▌ 250 Milliliter Wasser mit 2 Esslöffeln Reisessigsud verrühren. Den Reis in einer Schüssel nach und nach mit der Essigmischung vermischen, abkühlen lassen.

▌ 1 Liter Salzwasser aufkochen. Inzwischen die Keniabohnen waschen, putzen und darin 4–6 Minuten blanchieren. Herausnehmen und kalt abbrausen, auf Küchenkrepp trocken tupfen. Die Erdnüsse goldbraun rösten und grob hacken. Die Hälfte des eingelegten Ingwers hacken, den Tofu zerdrücken. Den Koriander waschen, trocken schütteln, die Blätter fein schneiden. Den Ingwer mit Koriander und Tofu verrühren.

▌ Eine Sushi-Bambusmatte ausbreiten. Ein Nori-Blatt in der Mitte durchbrechen. Die Hälften mit der glänzenden Seite nach unten nebeneinander auf die Matte legen. 1 Handvoll Reis auf das Blatt geben und platt drücken. Tofu und Bohnen in der Mitte des Reisbetts verteilen, mit Erdnüssen bestreuen. Die Matte anheben und vorsichtig aufrollen. Kühl stellen. So weiter verfahren, bis alle Zutaten aufgebraucht sind.

▌ Zum Servieren die Sushirollen in etwa 2 Zentimeter breite Stücke schneiden. Mit dem restlichen eingelegten Ingwer sowie Sojasauce und Wasabipaste servieren.

Frijoles Refritos

Zubereitung: 30 Minuten
plus 12 Stunden zum Einweichen
Garzeit: 2 Stunden

Zutaten

250 g getrocknete schwarze
Bohnen
125 g Tomaten
1 kleine Zwiebel
1 Knoblauchzehe
1 getrocknete Chili
schwarzer Pfeffer aus der
Mühle
90 g Butter
Salz

▌ Die Bohnen 12 Stunden in kaltem Wasser einweichen, abseihen und abbrausen.

▌ Die Tomaten waschen und würfeln. Zwiebel und Knoblauch schälen und fein würfeln. Chili putzen, entkernen und fein hacken. Die Bohnen mit 1,5 Liter Wasser in einen Topf geben. Je die Hälfte von Tomaten, Zwiebeln, Knoblauch und Chili sowie 20 Gramm Butter dazugeben. Aufkochen, die Temperatur reduzieren. Den Deckel so auflegen, dass ein Spalt offen bleibt, und die Bohnen dabei etwa 1, 5 Stunden köcheln.

▌ 1 Teelöffel Salz und 20 Gramm Butter einrühren. Dann den Herd auf die kleinste Temperatur zurückschalten und die Bohnen weitere 30 Minuten köcheln, eventuell etwas Flüssigkeit dazugeben. Mit Salz und Pfeffer abschmecken.

▌ Die restlichen Zwiebel- und Knoblauchwürfel in 30 Gramm Butter glasig braten. Die übrigen Tomatenwürfel und Chili hinzufügen und 2 – 3 Minuten mitbraten. Jeweils 1 Löffel Bohnenmasse (leicht mit der Gabel zerdrücken!) und etwas Butter in die Pfanne geben, bis die Bohnen und die Butter aufgebraucht sind. Die Temperatur reduzieren und die Masse unter Rühren noch 10 Minuten braten. Warm oder kalt mit Weißbrot servieren.

Kichererbsenküchlein mit Korianderjoghurt

Zubereitung: 35 – 40 Minuten
plus 12 Stunden zum Einweichen
und 30 Minuten zum Kühlen
Für 20 Küchlein à 40 g

Zutaten

200 g getrocknete Kichererbsen
200 g Naturjoghurt
einige Zweige Koriandergrün
1 Schalotte | 1 Knoblauchzehe
1 kleine Karotte
100 g Zuckerschoten
1 kleine Zucchini | 1 Ei | Salz
schwarzer Pfeffer aus der
Mühle | Saft von ½ Limette
1 EL Paniermehl
1 EL Honig | Öl zum Braten

▌ Die Kichererbsen 12 Stunden in kaltem Wasser einweichen, abseihen und abbrausen.

▌ 1,2 Liter Wasser mit den Kichererbsen aufkochen, die Temperatur reduzieren. Den Deckel spaltbreit geöffnet auflegen, die Kichererbsen 1 Stunde garen. abseihen. Schalotten und Knoblauch schälen und fein würfeln. Karotten schälen, Zuckerschoten und Zucchini waschen.

▌ Die Hälfte der Kichererbsen mit Schalotten- und Knoblauchwürfeln sowie dem Ei in einer Küchenmaschine fein pürieren. Mit Salz, Pfeffer und der Hälfte des Limettensafts würzen. Restliche Kichererbsen hacken. Gemüse grob reiben und mit Paniermehl und gehackten Kichererbsen unter das Püree rühren. Aus der Masse etwa 20 flache Bällchen formen und 30 Minuten kalt stellen.

▌ Für den Dip inzwischen Joghurt mit übrigem Limettensaft und Honig verrühren. Mit Salz abschmecken. Den Koriander waschen, trocken schütteln, die Blätter fein schneiden. Unter den Dip rühren. Die Kichererbsenbällchen im heißen Öl von allen Seiten goldbraun braten. Warm mit dem Dip servieren.

Rosmarinfladen aus Linsenmehl

Luftig-aromatische Hefeteigfladen, die frisch am besten schmecken.

Zubereitung: 20 Minuten
plus Ruhezeit 50–55 Minuten
Backzeit: 20–30 Minuten
Für 8 kleine Fladen

Zutaten

200 g Linsenmehl
2 Zweige Rosmarin
½ Würfel frische Hefe (21 g)
1 TL Zucker
200 g Mehl
½ TL Salz
5 EL kalt gepresstes Olivenöl
2 Zweige Thymian
4 Knoblauchzehen
4–6 EL Olivenöl
Fett fürs Blech
Hagelsalz

❚ Für den Teig die Hefe zerbröseln und mit dem Zucker sowie etwas lauwarmem Wasser glatt rühren. Die Hefemischung gemeinsam mit dem Linsenmehl und dem Mehl, Salz, dem kalt gepressten Olivenöl und 250–300 Milliliter lauwarmem Wasser zu einem glatten Teig verkneten. Den Teig zugedeckt an einem warmen Ort 30 Minuten gehen lassen. Inzwischen für den Belag die Kräuter waschen und trocken schütteln, die Blätter zupfen und hacken. Die Knoblauchzehen schälen und in sehr dünne Scheiben schneiden.

❚ Den Backofen auf 200 °C (Ober-/Unterhitze) vorheizen. Den Teig einmal kräftig durchkneten und noch 10 Minuten gehen lassen. Den Teig zu einer Rolle formen und in 8 gleich große Stück teilen. Jedes Stück zu einem 2 Zentimeter dicken, länglichen Fladen ausrollen. Die Fladen mit etwas Abstand auf ein gefettetes Backblech legen. Jeweils mit den Fingern oder einer Gabel mehrmals eindrücken, die gehackten Kräuter, den Knoblauch und das Hagelsalz darauf verteilen, mit Olivenöl beträufeln und noch weitere 10–15 Minuten gehen lassen. Die Teigfladen im Backofen 20–30 Minuten goldbraun backen, etwas abkühlen lassen und frisch servieren.

Südfranzösische Kichererbsenfladen

Eine südfranzösische Spezialität

Zubereitung: 10 Minuten
plus 12 Stunden zum Einweichen
Backzeit: 20–30 Minuten

Zutaten

400 g Kichererbsenmehl
Salz
schwarzer Pfeffer aus der
Mühle
3–4 EL Olivenöl
Öl für die Form

❚ Das Kichererbsenmehl mit Salz und Pfeffer in eine Schüssel geben. In die Mitte eine Mulde drücken, das Öl und 500 Milliliter Wasser hineingeben. Mit einem Schneebesen von der Mitte her glatt rühren. 1 Liter Wasser nach und nach zugießen und alles so lange rühren, bis ein homogener Teig entstanden ist. An einem kühlen Ort über Nacht ruhen lassen.

❚ Den Backofen auf 250 °C (Ober-/Unterhitze) vorheizen. Eine runde Backform oder ein Pizzablech mit Öl fetten. Den Teig 1–1,5 Zentimeter hoch hineingeben und im Ofen in 20–30 Minuten goldbraun backen. Frisch aus dem Ofen servieren.

Scharfes Kichererbsen-Dal

Zubereitung: 10 Minuten
plus 12 Stunden zum Einweichen
Garzeit: 1 Stunde

Zutaten

250 g getrocknete Kicher-
erbsen
1 TL Kurkuma
2 EL Tamarindenpaste
Salz
2 EL Ghee oder Butter
2 TL Garam Masala
½ TL Chilipulver
2 TL gemahlener Kreuzkümmel

▌Die Kichererbsen 12 Stunden in reichlich kaltem Wasser einweichen, abseihen und abbrausen.

▌Die Kichererbsen mit 1 Liter Wasser und der Kurkuma in einen Topf
geben und aufkochen. Die Temperatur reduzieren und die Kichererbsen mit halb aufgelegtem Deckel mindestens 1 Stunde köcheln
lassen. Das Kochwasser abgießen. Die Tamarindenpaste unter die
Kichererbsen rühren und alles salzen.

▌Das Ghee in einem kleinen Topf stark erhitzen, die Gewürze hineingeben und darin kurz anrösten. Die Ghee-Gewürz-Mischung heiß
über die Kichererbsen gießen, gründlich verrühren und das Dal
sofort servieren.

Gelbe-Linsen-Dal mit Zwiebeln und Knoblauch

Zubereitung: 15–20 Minuten
Garzeit: 10–15 Minuten

Zutaten

300 g getrocknete geschälte
und halbierte Mungbohnen
(Mung-Linsen/Mung Dal)
1 große Zwiebel
2 Knoblauchzehen
Salz
20 g frischer Ingwer
2 grüne Chilischoten
1 TL Kreuzkümmelsamen
2 EL Sonnenblumenöl
1 EL Tomatenmark
einige Zweige Koriandergrün
1 TL Garam Masala

▌1 Liter gesalzenes Wasser in einem Topf aufkochen. Die Linsen
darin bei mittlerer Temperatur 10–15 Minuten garen, abseihen und
gut abtropfen lassen.

▌Den Ingwer und Knoblauch schälen und hacken, zu einer feinen
Paste zerdrücken. Zwiebel schälen und in Scheiben schneiden. Chili
putzen, entkernen und in Scheiben schneiden. Den Kreuzkümmel
im heißen Öl rösten, bis er zu knacken beginnt. Zwiebeln dazugeben
und unter Rühren goldgelb-knusprig anbraten. Die Hälfte der Zwiebeln herausnehmen und auf Küchenkrepp abtropfen lassen.

▌Tomatenmark, Ingwer-Knoblauch-Paste und Chili zu den Zwiebeln
geben. Unter Rühren so lange erhitzen, bis sich alles verbunden hat.
Die Mischung mit den gegarten Linsen verrühren und mit Salz
abschmecken. Den Koriander waschen und trocken schütteln, die
Blätter hacken. Zusammen mit übrigen Zwiebeln und Garam
Masala über die Linsen geben. Heiß servieren.

Urdbohnen mit Gewürzen

Zubereitung: 15 – 20 Minuten
plus 12 Stunden zum Einweichen
Garzeit: 1 Stunde

Zutaten

200 g getrocknete Urdbohnen
(Urad Dal)
1 TL gemahlener Koriander
1 TL Chilipulver
1 TL Garam Masala
20 g frischer Ingwer
2 Knoblauchzehen
1 große Zwiebel
2 große Tomaten
3 EL Ghee oder Butter
Salz
einige Zweige Koriandergrün
6 EL Crème double

❚ Die Urdbohnen 12 Stunden in kaltem Wasser einweichen, abseihen und abbrausen.

❚ Den Ingwer und Knoblauch schälen und hacken, zu einer feinen Paste zerdrücken. Die Zwiebel schälen und würfeln, die Tomaten waschen und würfeln. Zwiebelwürfel im heißen Ghee goldgelb anbraten. Ingwer-Knoblauch-Paste und restliche Gewürze dazugeben und kurz mitbraten. Die Tomatenwürfel einrühren. Einige Minuten garen und 700 Milliliter Wasser angießen.

❚ Die Urdbohnen dazugeben und alles aufkochen. Die Temperatur reduzieren und den Deckel so auflegen, dass ein Spalt offen bleibt. Das Dal 1 Stunde köcheln lassen, bis die Bohnen gar sind und das Wasser verdampft ist. Wenn nötig, noch etwas Wasser hinzufügen und weiterköcheln. Inzwischen den Koriander waschen, trocken schütteln, die Blätter fein schneiden. Zuletzt die Bohnen mit Salz abschmecken, den Herd ausschalten und die Crème double einrühren. Mit Koriander bestreut anrichten.

Artischocken mit Erbsendip

Zubereitung: 20 Minuten
Garzeit: 35–40 Minuten

Zutaten

4 Artischocken
1 Rezept Markerbsendip
(siehe unten)
20 g Salz
10 g Zucker
2 unbehandelte Biozitronen
4 EL Olivenöl
grobes Meersalz
schwarzer Pfeffer aus der
Mühle
Küchengarn

▌ Den Markerbsendip wie unten beschrieben, aber ohne Estragon zubereiten.

▌ Einen großen Topf mit 2 Liter Wasser aufsetzen. Das Salz, den Zucker, den Saft von ½ Zitrone und 2 Esslöffel Öl dazugeben. Die ganze Zitrone heiß waschen und in 8 nicht zu dünne Scheiben schneiden, die übrige halbe Zitrone auspressen.

▌ Die Artischocken kalt abbrausen. Die Blätter oben gerade abschneiden. Den Stiel herausbrechen und den Boden der Frucht sowie die untersten Blätter ebenfalls abschneiden. Die Schnittstellen sofort mit je 1 Zitronenscheibe belegen und diese mit Küchengarn fixieren. Die Artischocken im köchelnden Salz-Zitronen-Wasser 35–40 Minuten garen. Sie sind gar, wenn sich die Blätter leicht herausziehen lassen.

▌ Die Artischocken auf einer Platte anrichten. Mit restlichem Zitronensaft und Öl beträufeln und mit Meersalz und Pfeffer bestreuen. Zusammen mit dem Markerbsendip servieren und nach Belieben Weißbrot dazu reichen.

Markerbsendip mit Estragon

Zubereitung: 10 Minuten
Garzeit: 5–6 Minuten

Zutaten

300 g frische, gepalte Mark- oder Gartenerbsen, ersatzweise TK
1 Zweig Estragon
Salz
Saft von ¼ Biozitrone
1 TL Zucker
2 EL Olivenöl
schwarzer Pfeffer aus der Mühle

▌ 1 Liter gesalzenes Wasser aufkochen und die Erbsen 5–6 Minuten darin blanchieren. Die blanchierten Erbsen abseihen und dabei das Kochwasser auffangen. Anschließend die Erbsen mit kaltem Wasser kurz abbrausen.

▌ Die Erbsen in eine Küchenmaschine geben, 4–6 Esslöffel Kochwasser, den Zitronensaft, den Zucker sowie das Öl hinzufügen und alles fein pürieren. Das Püree nach Wunsch durch ein Sieb streichen – es wird dann besonders fein.

▌ Den Estragon waschen, trocken schütteln, die Blätter zupfen, fein schneiden und unter das Püree rühren. Mit Salz und schwarzem Pfeffer abschmecken und servieren.

Falafel mit Joghurtdip

Zubereitung: 20–25 Minuten
plus 12 Stunden zum Einweichen
Garzeit: 30–40 Minuten
Für 20 Falafel

Zutaten

200 g getrocknete Kichererbsen
200 g Naturjoghurt
Saft von ½ Biozitrone
Zucker | 2 EL Olivenöl und
Öl zum Frittieren
2 Schalotten
2 Knoblauchzehen
5 Zweige glatte Petersilie
1 TL gemahlener Koriander
2 TL gemahlener Kreuzkümmel
Salz | Chilipulver
1 Msp. Backpulver
3–4 EL Mehl

▌ Die Kichererbsen 12 Stunden in kaltem Wasser einweichen, abseihen und abbrausen. Für den Dip Joghurt mit Zitronensaft, Zucker, etwas Salz sowie dem Olivenöl verrühren und abschmecken.

▌ Die Kichererbsen mit 1,2 Liter Wasser in einem Topf aufkochen. Die Temperatur reduzieren und den Deckel so auflegen, dass ein Spalt offen bleibt. 30–40 Minuten leicht bissfest köcheln. Die Erbsen abseihen und gut abtropfen lassen.

▌ Schalotten und Knoblauch schälen, fein würfeln und mit den Kichererbsen in der Küchenmaschine grob zerhacken. Die Petersilie waschen, trocken schütteln, die Blätter fein schneiden. Mit Koriander, Kreuzkümmel, etwas Salz und Chili, Backpulver und Mehl zur Kichererbsenmasse geben. Gut durchkneten.

▌ 1,5 Liter Öl in der Fritteuse auf 180 °C erhitzen. Aus der Masse walnussgroße Bällchen formen und diese im heißen Öl jeweils in 4–6 Minuten goldbraun frittieren. Auf Küchenkrepp entfetten. Die Falafel mit dem Dip servieren.

Hummus

Zubereitung: 10–15 Minuten
plus 12 Stunden zum Einweichen
Garzeit: 1 Stunde 30 Minuten

Zutaten

250 g getrocknete Kichererbsen
3 Knoblauchzehen
2 Zweige glatte Petersilie
Saft von ½ Biozitrone
Salz
2 EL Olivenöl
½ TL Paprikapulver
½ TL Cayennepfeffer
3 EL Sesampaste (Tahini)

▌ Die Kichererbsen 12 Stunden in reichlich kaltem Wasser einweichen, abseihen und abbrausen.

▌ Kichererbsen mit 1,5 Liter Wasser in einen Topf geben und aufkochen. Die Temperatur reduzieren und den Deckel so auflegen, dass ein Spalt offen bleibt. 1 ½ Stunden sanft köcheln, bis die Kichererbsen fast zerfallen. Abseihen und das Kochwasser dabei auffangen.

▌ Währenddessen die Knoblauchzehen schälen. Die Petersilie waschen, trocken schütteln, die Blätter zupfen und fein schneiden. Die gekochten Kichererbsen mit 3–4 Esslöffeln Kochwasser, Knoblauch, Zitronensaft, Salz, Öl, Paprika sowie Cayenne in die Küchenmaschine geben. Alles fein pürieren. Zum Schluss die Sesampaste und die Petersilie unterrühren. Das Hummus mit Salz abschmecken und tradionsgemäß mit Olivenöl und Sesampaste sowie Mixed Pickels und Fladenbrot servieren.

Kichererbsenbällchen und Ofengemüse am Spieß

Der perfekte Partysnack: aromatische Kichererbsenbällchen mit würzigem Ofengemüse

Zubereitung: 30–40 Minuten
Backzeit: 15–20 Minuten
Für 8–12 Spieße

Zutaten

1 Rezept Falafel (siehe Seite 31)
12 Kirschtomaten
1 rote Paprikaschote
1 kleine Zucchini
1 kleine Aubergine
4 kleine Zwiebeln
4 Knoblauchzehen
grobes Meersalz
schwarzer Pfeffer aus der Mühle
2 EL Olivenöl
Saft von ¼ Biozitrone
Honig

▌ Die Falafel wie auf Seite 31 beschrieben zubereiten.

▌ Die Zwiebeln und die Knoblauchzehen schälen, die Zwiebeln vierteln und den Knoblauch hacken. Die Kirschtomaten, die Paprika, die Zucchini und die Aubergine waschen. Die Paprika putzen, waschen und in grobe Stücke schneiden. Von der Zucchini und der Aubergine den Strunk entfernen. Die Aubergine gegebenenfalls halbieren und beides in 1,5–2 Zentimeter dicke Scheiben schneiden.

▌ Den Backofen auf 220 °C (Oberhitze) vorheizen. Das Gemüse auf einem Backblech verteilen und mit Meersalz und Pfeffer bestreuen. Mit Öl, Zitronensaft sowie Honig beträufeln und gut vermengen. Auf der oberen Schiene im Backofen 15–20 Minuten grillen, herausnehmen und abkühlen lassen.

▌ Die Falafel abwechselnd mit dem abgekühlten Gemüse auf Spieße stecken und servieren.

Tipp: Die Spieße eigenen sich als Fingerfood für sommerliche Büfetts. Am besten viele, kleine Spieße zubereiten und einen Joghurtdip (siehe Seite 31) dazu servieren.

Hähnchenspieße mit Kürbis-Linsen-Dip

Ein schneller und gesunder Snack. Zitronenthymian verleiht dem Herbstgemüse eine frische Note.

Zubereitung: 20–25 Minuten
Garzeit: 10–15 Minuten
Für 8 Spieße

Zutaten

Für den Kürbis-Linsen-Dip
3 EL Kürbiskerne
1 kleiner Hokkaido-Kürbis (etwa 250 g)
100 g rote Linsen
1 Schalotte
2 Zweige Zitronenthymian
1 EL Butter
Salz
1–2 TL Ahornsirup
Saft ¼ Limette
2 EL Kürbiskernöl
schwarzer Pfeffer aus der Mühle

Für die Spieße
600 g Hähnchenbrustfilet
Salz
schwarzer Pfeffer aus der Mühle
1 EL Butter
Öl zum Braten

▌ Für den Dip die Kürbiskerne in einer Pfanne ohne Fett rösten, abkühlen lassen. Den Kürbis halbieren, entkernen, schälen und in feine Scheiben schneiden. Die Schalotte schälen und in Ringe schneiden.

▌ Schalottenringe und Kürbisscheiben mit Zitronenthymian in der Butter anschwitzen. Salzen und mit Ahornsirup beträufeln. Kurz schwenken, mit Limettensaft und 400–450 Milliliter Wasser oder Gemüsebrühe auffüllen.

▌ Die Linsen dazugeben, die Temperatur reduzieren und alles 10–15 Minuten sanft köcheln lassen, bis die Flüssigkeit fast verkocht ist und Linsen und Gemüse weich sind. Zitronenthymian entfernen. Die Kürbis-Linsen-Mischung mit Kürbiskernöl und zwei Dritteln der gerösteten Kerne in die Küchenmaschine geben. Fein pürieren und mit Salz und Pfeffer abschmecken. Den Dip mit den restlichen Kürbiskernen bestreuen.

▌ Die Hähnchenbrust kalt abbrausen, trocken tupfen und von den Sehnen befreien. In 8 längliche Streifen schneiden und auf Spieße stecken. 1 Esslöffel Öl in einer Pfanne erhitzen. Die Hähnchenspieße mit Salz und Pfeffer würzen und von allen Seiten darin goldbraun braten. Die Temperatur reduzieren, die Butter dazugeben und die Spieße darin schwenken. Sofort mit dem Dip servieren.

Rote-Linsen-Reibeküchlein

Zubereitung: 35 – 40 Minuten
Für 24 kleine Reibekuchen

Zutaten

250 g rote Linsen
2 Kartoffeln (à etwa 150 g)
Salz | 1 Zwiebel
2 Knoblauchzehen
einige Zweige glatte Petersilie
½ Bund Schnittlauch | 1 Ei
50 g Kartoffelstärke oder
Linsenmehl
½ TL gemahlener Koriander
250 g Baby-Leaves- oder
Blattsalat | 1 EL Apfelessig
3 EL Olivenöl + Öl zum Braten
schwarzer Pfeffer aus der
Mühle

▌Für die Reibeküchlein 1 Liter gesalzenes Wasser in einem Topf aufkochen. Die Linsen darin 8 Minuten kochen, abseihen und sehr gut abtropfen lassen.

▌Zwiebel und Knoblauch schälen und sehr fein würfeln. Die Kräuter waschen und trocken schütteln. Die Petersilienblätter abzupfen und fein schneiden, den Schnittlauch ebenfalls fein schneiden. Die Kartoffeln waschen, schälen und reiben. In ein Leinentuch geben und gut ausdrücken. Die Kartoffelmasse sofort mit Zwiebeln, Knoblauch, Kräutern, Linsen, Ei und Kartoffelstärke vermischen. Alles mit Salz und Koriander würzen.

▌Für den Salat die Baby Leaves waschen und trocken schleudern. Apfelessig und Olivenöl verrühren, mit Salz und Pfeffer würzen und das Dressing vorsichtig unter den Salat heben.

▌Aus der Kartoffel-Linsen-Masse Reibeküchlein formen. 2 – 3 Esslöffel Öl in einer großen Pfanne erhitzen und die Küchlein darin von beiden Seiten knusprig braten. Auf Küchenkrepp entfetten und mit dem Salat servieren.

Indisches Papadam mit Raita

Zubereitung: 35 Minuten
plus 1 Stunde Ruhezeit und
2 Stunden zum Trocknen
Für 30 – 40 Fladen

Zutaten

300 g Linsenmehl
200 g Naturjoghurt
2 TL gemahlener Kreuzkümmel
Salz
schwarzer Pfeffer aus der
Mühle
Cayennepfeffer
1 TL zerstoßene Senfsaat
Traubenkern- oder neutrales Öl
Öl zum Ausrollen und Frittieren

▌Für den Teig Linsenmehl, 1 Teelöffel Kreuzkümmel, Salz und Pfeffer mischen. 150 Milliliter Wasser nach und nach dazugeben und alles zu einem festen Teig verkneten. Die Teigkugel in Folie verpackt 1 Stunde ruhen lassen.

▌Währenddessen den Joghurt mit Salz und Cayennepfeffer abschmecken. Die Senfsaat sowie den restlichen Kreuzkümmel in 2 Esslöffeln Öl einige Sekunden rösten, bis der Senf aufplatzt. Die Gewürze über den Joghurt geben und verrühren. Raita kalt stellen.

▌Den Teig zu einer 5 Zentimeter dicken Rolle formen und in etwa 2 Zentimeter dicke Scheiben schneiden. Auf einer geölten Fläche jede Scheibe zu sehr dünnen runden Fladen (15 – 20 Zentimeter Durchmesser) ausrollen. Die Fladen an einem warmen Ort, etwa in der Sonne oder im 90 °C heißen Backofen, gut 2 Stunden trocknen lassen. Sie sollen noch leicht biegsam sein. Bis zum Servieren stapeln und kühl und trocken lagern.

▌1,5 Liter Öl in einem großen Topf auf 180 °C erhitzen. Die getrockneten Fladen darin einzeln frittieren, bis sie goldbraun sind. Auf Küchenkrepp entfetten und mit der Raita servieren.

Salat & Terrine

Knackig, frisch und aromatisch: Salate mit

Hülsenfrüchten sind unglaublich vielseitig. Es gibt

tausend Kombinationsmöglichkeiten und Millionen

Gewürze ... In diesem Kapitel finden Sie einige

Anregungen. Bestimmt kommen in Ihrer Küche

noch etliche dazu.

Augenbohnen mit Spinat und Dill

**Zubereitung: 15–20 Minuten
plus 12 Stunden zum Einweichen
Garzeit: 50–60 Minuten**

Zutaten

200 g getrocknete Augen-
bohnen | 450 g junger Blattspinat
einige Zweige Dill | 4 Knoblauch-
zehen | 1 TL Kreuzkümmelsamen
1 TL braune Senfsamen | 3 EL
Erdnussöl | 6 EL Naturjoghurt
Salz | 1–2 TL grobes Chilipulver
Saft von 1 Limette | Zucker

■ Die Bohnen 12 Stunden in kaltem Wasser einweichen, abseihen und abbrausen. Dann mit 1,2 Liter Wasser aufkochen, die Temperatur reduzieren, den Deckel spaltbreit öffnen und die Bohnen 50–60 Minuten sanft köcheln. Das Kochwasser abgießen und 1 ½ Teelöffel Salz unterrühren.

■ Währenddessen Knoblauch schälen und hacken. Spinat waschen, trocken schleudern und in Streifen schneiden. Dill waschen, trocken schütteln, das Grün schneiden. Kreuzkümmel und Senf im heißen Öl kurz anrösten. Knoblauch und Spinat dazugeben und alles unter Rühren braten, bis die Flüssigkeit verdampft ist.

■ Vom Herd nehmen, den Joghurt einrühren. Mit Salz, Chili, Limettensaft, Zucker und Dill verrühren. Unter die Bohnen heben, gut vermischen und mit Salz und Chili abschmecken.

Salat aus Dicken Bohnen

**Zubereitung: 20 Minuten
Garzeit: 4–6 Minuten**

Zutaten

5 Tomaten
2 Zweige Zitronenthymian
1 Chilischote, fein gehackt
1 Knoblauchzehe, gepresst
Salz | 600 g Dicke Bohnenkerne,
ersatzweise TK | 8 EL Olivenöl
4 EL weißer Balsamicoessig
abgeriebene Schale von 1
unbehandelten Biozitrone
Zucker

■ Die Tomaten kreuzweise einritzen, mit kochendem Wasser überbrühen, enthäuten und vierteln, das Fruchtfleisch würfeln. Den Zitronenthymian waschen, trocken schütteln und die Blätter zupfen.

■ 1,5 Liter gesalzenes Wasser aufkochen. Die Dicke-Bohnen-Kerne 4–6 Minuten im sprudelnd kochenden Wasser blanchieren, abseihen und abtropfen lassen. Die Bohnenkerne enthäuten.

■ Die Dicken Bohnen mit Knoblauch und Chili, den Tomatenwürfeln und dem Zitronenthymian vermischen. Mit Öl, Balsamicoessig und Zitronenschale und mit Salz und Zucker abschmecken.

Zuckerschoten mit Beeren und Wildkräutern

Zubereitung: 15 Minuten

Zutaten

300 g Zuckerschoten | 200 g
gemischte frische Beeren
(z.B. Himbeeren, Blaubeeren,
Erdbeeren) | 125 g gemischte
Wildkräuter | 4 EL Himbeeressig
8 EL Olivenöl | 1 EL Honig
Salz | schwarzer Pfeffer aus der
Mühle | 125 Baby-Leaves
50 g Erbsensprossen

▌Für die Vinaigrette den Himbeeressig, das Öl und den Honig mit einem Schneebesen gut verrühren, mit Salz und Pfeffer abschmecken.

▌Die Zuckerschoten, die Wildkräuter und die gemischten Beeren waschen. Die Wildkräuter und Beeren auf einem Tuch zum Trocknen ausbreiten und verlesen. Die Zuckerschoten in feine Streifen schneiden.

▌Die klein geschnittenen Zuckerschoten, die Wildkräuter, die Beeren und die Erbsensprossen in einer großen Schüssel mischen. Kurz vor dem Servieren mit der Vinaigrette gründlich mischen.

Süßsaurer Belugalinsen-Kartoffel-Salat

**Zubereitung: 1 Stunde plus
3 Stunden zum Marinieren
Garzeit: etwa 45 Minuten**

Zutaten

250 g Belugalinsen
250 g Frühkartoffeln
(z.B. Drillinge) | Salz | 2 rote
Paprikaschoten | 2 Schalotten
6 EL Olivenöl | 1 Zweig Rosmarin
2 EL Zucker
200 ml alter Balsamicoessig
schwarzer Pfeffer aus der Mühle

▌Die Linsen mit 1,5 Liter Wasser aufkochen, die Temperatur reduzieren und die Linsen 30–40 Minuten köcheln. Abseihen und eventuell salzen.

▌Währenddessen die Kartoffeln waschen und mit Wasser bedeckt 15–20 Minuten kochen. Abgießen, kurz abkühlen lassen, pellen und würfeln. Inzwischen die Paprika putzen, waschen und in Streifen schneiden, mit Kartoffeln und Linsen mischen.

▌Die Schalotten schälen und in Ringe schneiden, in 2 Esslöffeln heißem Öl anbraten. Rosmarin dazugeben, mit Zucker bestreuen und die Temperatur reduzieren. Sobald der Zucker karamellisiert, mit Balsamico ablöschen. Auf die Hälfte einkochen.

▌Restliches Öl, Salz und Pfeffer mit dem Sud verrühren und über die Linsen gießen und den Salat 3 Stunden marinieren. Vor dem Servieren mit Salz, Pfeffer, Balsamico und Öl abschmecken.

Grüner Salat aus Schnippel-bohnen und Erbsen

Dieser Salat ist so wunderbar, dass er es prompt auf den Titel geschafft hat.

Zubereitung: 35–40 Minuten
Garzeit: 8–10 Minuten
Backzeit: 15–20 Minuten

Zutaten

Für den Salat
400 g Schnippelbohnen
200 g gepalte, frische Erbsen,
ersatzweise TK
2 Zweige Estragon
100 g gemischte Blattsalate
Salz
200 g Zuckerschoten

Für das Dressing
10 EL Olivenöl
6 EL heller Balsamicoessig
2 TL Dijonsenf
Salz
schwarzer Pfeffer aus der Mühle
1 TL Zucker

Für die Brotchips
1 Baguettebrötchen vom Vortag
2 EL Olivenöl
grobes Meersalz aus der Mühle oder
Fleur de Sel

▌ Die Bohnen waschen und putzen, in 1,5 Liter kochendem Salzwasser 8–10 Minuten blanchieren, herausnehmen und auf Küchenkrepp abkühlen lassen. Das Wasser nochmals aufkochen. Die Erbsen und Zuckerschoten darin 4–5 Minuten blanchieren, abkühlen lassen.

▌ Den Estragon waschen, trocken schütteln, die Blätter schneiden. Die Blattsalate waschen, trocken schleudern und zupfen. Für das Dressing Öl, Balsamico und Senf verquirlen. Mit Salz, Pfeffer und Zucker abschmecken. Die Schnippelbohnen, Erbsen, Zuckerschoten und den Estragon in einer Schüssel mit dem Dressing mischen.

▌ Den Backofen auf 180 °C vorheizen. Das Brötchen in dünne Scheiben schneiden, nebeneinander auf ein Backblech legen, mit einigen Spritzern Öl beträufeln und mit Meersalz bestreuen. Auf der mittleren Schiene im Backofen in 15–20 Minuten goldbraun rösten. Die marinierten Bohnen und Erbsen mit den Blattsalaten verrühren und nochmals abschmecken. Mit den Brotchips bestreut servieren.

Tipp: Der Salat schmeckt super mit geröstetem Speck: Den Backofen auf 180 °C (Ober-/Unterhitze) vorheizen. Die Speckscheiben nebeneinander auf ein mit Backpapier ausgelegtes Backblech legen und im Backofen in 15–20 Minuten goldbraun rösten. Auf Küchenkrepp entfetten.

Lauwarme Berglinsen mit Feigen und Büffelmozzarella

Feigen, krosse Pancettascheiben und aromatischer Büffelmozzarella sind mediterrane Sommerklassiker.

Zubereitung: 25–30 Minuten
Garzeit: 30–40 Minuten

Zutaten

250 g Berglinsen
6 Feigen
200 g Büffelmozzarella
1 Zweig Rosmarin
2 Zweige Oregano
1 Zweig Thymian
Salz
3 TL Honig
8 EL Olivenöl + Olivenöl zum Beträufeln
3 EL Balsamicoessig
schwarzer Pfeffer aus der Mühle
16 dünn geschnittene Scheiben Pancetta
Saft von 1 Bioorange
2 Bund Rucola
6 Zweige Basilikum
Fleur de Sel

▌Die Kräuter waschen und trocken schütteln. Einen großen Topf mit 1,5 Liter Wasser, Rosmarin, 1 Zweig Oregano und Thymian aufkochen. Die Linsen darin 30–40 Minuten kochen, abseihen und das Kochwasser auffangen.

▌Vom restlichen Oregano die Blätter abzupfen. Die lauwarmen Linsen mit Salz, Oregano, 2 Teelöffeln Honig, 6 Esslöffeln Öl und dem Balsamico vermischen. Mit Salz und Pfeffer abschmecken und lauwarm stellen.

▌Den Backofen auf 200 °C (Ober-/Unterhitze) vorheizen. Die Pancettascheiben nebeneinander auf ein mit Backpapier belegtes Backblech legen und in 10–15 Minuten kross backen. Auf Küchenkrepp entfetten.

▌Die Feigen waschen, nach Belieben schälen und vierteln. Nebeneinander auf ein Backblech legen und mit 2 Esslöffeln Öl, dem restlichem Honig und dem Orangensaft beträufeln. Auf der oberen Schiene im Backofen 10 Minuten karamellisieren.

▌Den Rucola und das Basilikum waschen und trocken schütteln. Vom Basilikum die Blätter abzupfen und mit dem Rucola auf einer großen Platte verteilen. Den Büffelmozzarella in grobe Stücke zerteilen und daraufsetzen. Mit Fleur de Sel und Pfeffer würzen und mit Öl beträufeln. Zum Servieren die Linsen und Feigen darauf verteilen.

Pfirsich-Linsen-Salat mit Jakobsmuscheln

Zubereitung: 25–30 Minuten
Garzeit: 6–8 Minuten

Zutaten

250 g rote Linsen
4 reife Pfirsiche
8 Jakobsmuscheln
Salz
Saft und abgeriebene Schale
von 1 Bioorange
1 EL Puderzucker
2 EL Champagneressig
5 EL Olivenöl
Fleur de Sel oder
Meersalz aus der Mühle
schwarzer Pfeffer aus der
Mühle | 1 Bund Basilikum
Öl zum Braten

■ Die Linsen in 1 Liter Salzwasser 6–8 Minuten kochen, das Kochwasser abgießen. Den Backofen auf 220 °C (Oberhitze oder Grill) vorheizen. Die Pfirsiche waschen, halbieren, den Kern entfernen und die Hälften mit der Schnittfläche nach oben auf ein Backblech legen. Mit Orangensaft beträufeln, die Orangenschale darüberstreuen und mit Puderzucker bestreuen. Die Pfirsiche auf der oberen Schiene im Backofen 10 – 15 Minuten karamellisieren lassen. Den Pfirsichsud mit einem Löffel abschöpfen, die Pfirsiche abkühlen lassen und in Scheiben schneiden.

■ Den Pfirsichsud mit Essig und Olivenöl verrühren, mit Fleur de Sel und Pfeffer würzen und mit den Linsen verrühren. Basilikum waschen, trocken schütteln, die Blätter grob zerreißen. Einige Stiele zum Braten beiseitelegen. Die zerkleinerten Blätter unter die Linsen rühren und diese nochmals abschmecken.

■ Die Jakobsmuscheln, falls nötig, „entbarten", waschen und mit Küchenkrepp trocken tupfen und mit Salz und Pfeffer würzen. 1–2 Esslöffeln Öl und die Basilikumstiele in einer Pfanne erhitzen und die Muscheln darin von beiden Seiten je 1 Minute scharf anbraten. Die Temperatur reduzieren und die Muscheln noch 1–2 Minuten weiterbraten. Mit dem Pfirsich-Linsen-Salat servieren.

Feldsalat mit Berglinsen-Kartoffel-Dressing

Zubereitung: 25–30 Minuten
Garzeit: 30–40 Minuten

Zutaten

300 g Feldsalat | 75 g Berg-
linsen | 1 mehlig kochende
Kartoffel (75–100 g)
500 ml Gemüsebrühe
Salz | 75 g Speck
1 Schalotte | ½ Bund Schnitt-
lauch | 2 EL Traubenkernöl
1 EL Walnussöl | 2 EL Apfelessig
1 Msp. Raz el Hanout
(marokk. Gewürzmischung)
1 Prise frisch geriebene
Muskatnuss

■ Die Berglinsen in die kochende Gemüsebrühe geben und darin 30–40 Minuten kochen, abseihen, die Brühe auffangen.

■ Die Kartoffel schälen, in Salzwasser gar kochen und noch heiß durch eine Kartoffelpresse drücken. Den Speck fein würfeln und ohne Fett knusprig rösten, auf Küchenkrepp entfetten. Die Schalotte schälen und fein würfeln. Den Schnittlauch waschen, trocken schütteln und in feine Ringe schneiden.

■ Für das Dressing den abgekühlten Kartoffelschnee mit 2 Esslöffeln Brühe, Ölen und Essig verrühren und mit Salz, Raz el Hanout und Muskat abschmecken. Die Linsen, Speck- und Schalottenwürfel sowie die Schnittlauchröllchen unter das Dressing rühren. Den Feldsalat gründlich waschen, trocken schleudern und mit dem Berglinsen-Kartoffel-Dressing servieren.

Tipp: Rösten Sie 4 Speckscheiben und garnieren Sie den Salat damit. Statt zu Feldsalat schmeckt das Dressing auch zu jungem Spinat.

Bunter Erbsen-Linsen-Salat im Filoteigschälchen

Knackiges Gemüse und würziger Majoran passen perfekt zu den saftigen Linsen.

Zubereitung: 30–35 Minuten
Backzeit: 8–10 Minuten
Für 12 Schälchen

Zutaten

150 g gepalte, frische Erbsen, ersatzweise TK
150 g gelbe Linsen
24 Blätter Filoteig (à 12 x 12 cm)
1 Ei | Salz
200 g Zuckerschoten
1 Karotte | 1 Frühlingszwiebel
1 Zweig Majoran
3 EL Olivenöl
1 EL Zitronensaft | Zucker
schwarzer Pfeffer aus der Mühle | Fett für die Form

▌Den Backofen auf 180 °C (Ober-/Unterhitze) vorheizen. Teigblätter mit verquirltem Ei einpinseln. Je 2 Quadrate versetzt übereinanderlegen und vorsichtig in ein gefettetes Muffinblech oder kleine Souffléformen (6–8 Zentimeter Durchmesser) drücken. Im Backofen 8–10 Minuten goldgelb backen, abkühlen lassen, herausnehmen.

▌Erbsen in 1 Liter Salzwasser 5–6 Minuten blanchieren, herausnehmen. Das Wasser wieder aufkochen und die Linsen darin 6–8 Minuten kochen, abseihen und abtropfen lassen.

▌Zuckerschoten waschen und in Streifen schneiden. Karotte schälen, Frühlingszwiebel putzen und beides in Streifen schneiden. Majoran waschen, trocken schütteln und die Blätter abzupfen. Einige Zuckerschotenstreifen beiseitestellen, Linsen mit Erbsen, restlichen Zuckerschoten, Karotten sowie Frühlingszwiebeln und Majoran vermischen.

▌Öl mit Zitronensaft und 1 Prise Zucker verquirlt über die Linsen geben, vermischen und mit Salz und Pfeffer abschmecken. Salat in den Teigschälchen mit Zuckerschotenstreifen garniert servieren.

Filoteigpäckchen mit warmem Linsen-Zitronen-Salat

Eine saftige Füllung aus Linsen, Fetakäse, Kräutern und Zitrone

Zubereitung: 25–30 Minuten
Backzeit: 25–30 Minuten
Für 16 Päckchen

Zutaten

16 Blätter Filoteig (à 15 x 30 cm)
150 g gelbe Linsen
Saft von ½ Zitrone | Salz
1 rote Paprikaschote | 2 Frühlingszwiebeln | 2 Knoblauchzehen | ½ Bund glatte Petersilie
2 Zweige Thymian | 100 g Frischkäse | 150 g Fetakäse
2 TL Olivenöl | 1 Msp. Paprikapulver | schwarzer Pfeffer aus der Mühle | 1 Ei

▌Für die Füllung die Linsen in 1 Liter gesalzenem Wasser 6–8 Minuten kochen. Abseihen und abtropfen lassen.

▌Paprika putzen, waschen und würfeln. Frühlingszwiebeln putzen, waschen und in Ringe schneiden. Knoblauch schälen und würfeln. Petersilie und Thymian waschen, trocken schütteln, die Blätter in Streifen schneiden. Gemüse und Kräuter mit Linsen, Frischkäse und zerdrücktem Feta vermengen. Mit Zitronensaft, Öl, Salz, Paprikapulver und Pfeffer abschmecken.

▌Den Backofen auf 200 °C (Ober-/Unterhitze) vorheizen. Die Teigblätter auf die Arbeitsfläche legen. Das Ei mit 1 Prise Salz verquirlen und jedes Teigblatt damit einstreichen. Auf das untere Drittel je 1–2 Esslöffel Füllung geben, die Teigränder zur Mitte hin umschlagen und den Teig von unten zu einer Rolle aufwickeln.

▌Die Rollen auf ein mit Backpapier belegtes Backblech legen, mit dem restlichen Ei bestreichen und im Backofen in 25–30 Minuten goldbraun backen. Warm servieren.

Frühlingssalat mit Spargel, Zuckerschoten und Tatar

Genießen Sie diesen Frühlingssalat als leichtes Mittagessen oder als feine Vorspeise.

**Zubereitung: 40 Minuten
plus 1 Stunde zum Marinieren**

Zutaten

750 g weißer Spargel
200 g Zuckerschoten
200 g Rinderfilet
Salz
10 g + 1 Prise Zucker
Saft von 1 Biozitrone
11 EL Olivenöl
grobes Meersalz oder Fleur de Sel
2 EL Sesamsaat
1 EL Schwarzkümmel
1 TL Feigensenf
schwarzer Pfeffer aus der Mühle
2 Scheiben Weißbrot vom Vortag
2 EL Butter
1 kleine Schalotte
1 TL Kapern
1 Eigelb
1 Spritzer Worcestersauce
½ Bund Minze

▮ 2 Liter Wasser mit 15 Gramm Salz, 10 Gramm Zucker, Saft von ½ Zitrone und 5 Esslöffel Öl aufkochen. Spargel schälen und putzen. Im kochenden Wasser in 8–10 Minuten (je nach Dicke) bissfest garen, herausnehmen und auf einer Platte abkühlen lassen. Das Kochwasser beiseitestellen.

▮ Die Zuckerschoten waschen und längs halbieren. 1 Esslöffel Öl in einer Pfanne erhitzen und die Schoten darin schwenken. Mit Meersalz, Zucker und 1 Spritzer Zitronensaft würzen, auf einer Platte abkühlen lassen. Sesam ohne Fett in einer Pfanne rösten. Spargelstangen längs halbieren und in etwa 5 Zentimeter lange Stücke schneiden. Mit Zuckerschoten, Schwarzkümmel und Sesam mischen.

▮ Für das Dressing 2 Esslöffel Spargelwasser mit Senf, 5 Esslöffeln Öl und 2 Esslöffeln Zitronensaft vermischen. Mit Salz und Pfeffer abschmecken und über den Salat geben, 60 Minuten ziehen lassen. Inzwischen das Weißbrot entrinden und in etwa 1 Zentimeter große Würfel schneiden. In Butter goldgelb anbraten und auf Küchenkrepp entfetten.

▮ Für das Tatar die Schalotte schälen und zusammen mit den Kapern sehr fein hacken. Das Filet mit einem sehr scharfen Messer ebenfalls sehr fein hacken. Das Tatar mit Eigelb und Schalotten mischen und mit Fleur de Sel, Pfeffer und Worcestersauce abschmecken.

▮ Die Minze waschen, trocken schütteln, die Blätter fein schneiden und zum Servieren unter den Spargel-Zuckerschoten-Salat mischen. Mit den Croûtons und dem Tatar anrichten.

Grüner Schlangenbohnensalat mit Schwertfisch

Noch ein Lieblingssalat, den Sie unbedingt ausprobieren sollten.

Zubereitung: 30 Minuten
Garzeit: 8 – 10 Minuten

Zutaten

Für den Salat
500 g Schlangenbohnen
Salz
4 getrocknete Tomaten
2 Schalotten
2 Zweige Bohnenkraut
20 g frischer Ingwer
1 rote Chilischote
1 TL Senf
3 EL Honigessig
3 EL Traubenkernöl
2 EL Sesamöl
Fleur de Sel oder Meersalz
bunter Pfeffer aus der Mühle

Für den Schwertfisch
400 g Schwertfisch
Salz
schwarzer Pfeffer aus der Mühle
Saft und Schale von ½ Limette
2 EL Sesamöl

▍ Für den Salat die Schlangenbohnen waschen und in etwa 6 Zentimeter lange Stücke schneiden. In 1 Liter Salzwasser 8 – 10 Minuten blanchieren, abgießen und kurz kalt abbrausen.

▍ Die Tomaten mit kochend heißem Wasser übergießen und 20 Minuten ziehen lassen. Auf ein Sieb gießen, den Sud auffangen und die Tomaten in feine Streifen schneiden.

▍ Die Schalotten schälen und in feine Ringe schneiden. Das Bohnenkraut waschen, trocken schütteln, die Nadeln fein schneiden. Bohnenkraut und Schalotten mit Bohnen und Tomaten mischen.

▍ Für die Marinade den Ingwer schälen, Chili putzen und entkernen. Ingwer und Chili sehr fein hacken. Beides mit Senf, Honigessig, 1 Esslöffel Tomatensud sowie Traubenkern- und Sesamöl mischen. Die Marinade mit Fleur de Sel und buntem Pfeffer abschmecken und über den Schlangenbohnen-Tomaten-Salat geben.

▍ Schwertfisch kalt waschen, trocken tupfen, in etwa 1,5 Zentimeter große Stücke schneiden und mit Salz, Pfeffer und Limettensaft marinieren. Sesamöl mit einem Stück Limettenschale in einer Pfanne erhitzen. Fischstücke darin von allen Seiten scharf anbraten. Temperatur reduzieren und die Fischstücke noch 1 – 2 Minuten weiterbraten. Auf Küchenkrepp entfetten, mit Salz und Pfeffer würzen und mit dem Schlangenbohnensalat servieren.

Gartenbohnenterrine mit Wildlachs und Kresse

Servieren Sie die Terrine als sommerliche Vorspeise.

Zubereitung: 35 – 40 Minuten
plus 24 Stunden zum Kühlen
Für 1 Terrinenform von 600 ml Inhalt
(Bild Seite 54)

Zutaten

600 g Gartenbohnen (grüne Bohnen, Prin-
zessbohnen)
200 g gebeizter Wildlachs (in Scheiben)
1 Kästchen Gartenkresse
1,5 l Gemüsebrühe
1 Schalotte
Salz
1 TL Zucker
100 ml Weißweinessig
10 Blatt weiße Gelatine
2–4 EL Meerrettich (aus dem Glas)
2 EL Öl + Öl für die Form

▪ Die Form mit Öl fetten und möglichst faltenfrei mit Folie auslegen. Die Bohnen waschen, putzen und in der kochenden Brühe 8–10 Minuten blanchieren. Herausnehmen, kurz kalt abbrausen und auf Küchenkrepp trocknen. Die Brühe beiseitestellen.

▪ Die Schalotte schälen und fein würfeln. Im heißen Öl glasig anbraten, mit Salz und Zucker bestreuen. Sobald der Zucker karamellisiert, mit Essig ablöschen. 1 Liter Brühe zugießen, aufkochen und beiseitestellen. Die Gelatine in kaltem Wasser 3 Minuten einweichen, ausdrücken und in 1 Liter lauwarmer Essigbrühe gut verrühren, beiseitestellen und immer wieder umrühren.

▪ Die Lachsscheiben nebeneinander auf die Arbeitsfläche legen, jeweils dünn mit Meerrettich bestreichen, mit gewaschener Kresse bestreuen und fest zu Rollen zusammenwickeln.

▪ Die Terrinenform etwa zur Hälfte mit Bohnen auslegen. So viel kalte Essigbrühe angießen, dass die Bohnen bedeckt sind. Dann die Lachsröllchen und zuletzt die übrigen Bohnen einschichten. Fest andrücken und so viel Essigbrühe angießen, dass alles bedeckt ist.

▪ Die Terrinenform im Kühlschrank mindestens 24 Stunden fest werden lassen. 30 Minuten vor dem Servieren aus dem Kühlschrank nehmen.

Tipp: Die Terrine schmeckt sehr gut mit Sahnemeerrettich und frischer Kresse.

Terrine mit Tellerlinsen, Räucherforelle und Apfel

Eine ganz aparte Kombination mit dem rauchigen Aroma der Forelle

Zubereitung: 35–40 Minuten
plus 24 Stunden zum Kühlen
Für 6–8 Förmchen à 100 ml Inhalt
(Bild Seite 55)

Zutaten

250 g Tellerlinsen
250 g Räucherforelle
2 Äpfel
Salz
schwarzer Pfeffer aus der Mühle
Saft von ½ Biozitrone
½ Bund Schnittlauch
½ Bund glatte Petersilie
½ Bund Dill
250 ml Apfelsaft
500 ml Gemüsebrühe
6 Blatt weiße Gelatine
70 g Sahne
Öl für die Förmchen

▌ Die Förmchen mit Öl fetten und möglichst faltenfrei mit Folie auslegen. 1,5 Liter Wasser aufkochen und die Linsen darin 45 Minuten garen, auf ein Sieb gießen. Mit Salz, Pfeffer und Zitronensaft abschmecken, abkühlen lassen. Die Kräuter waschen und trocken schütteln, die Blätter fein schneiden und unter die Linsen mischen.

▌ Die Äpfel schälen, entkernen und sehr fein würfeln. Apfelsaft aufkochen, die Temperatur reduzieren und die Äpfel darin 1 Minute ziehen lassen. Abseihen, den Apfelsaft auffangen. 100 Milliliter Apfelsaft mit der Brühe erwärmen. Die Gelatine in kaltem Wasser 3 Minuten einweichen, ausdrücken und in die lauwarme Apfelsaftbrühe rühren.

▌ Die Apfelwürfel unten in die Förmchen geben, gut andrücken und mit Gelatinebrühe bedecken. Die Kräuterlinsen darauf verteilen und so viel Flüssigkeit angießen, dass alles bedeckt ist. Kühl stellen.

▌ Die Forelle in groben Stücken in einer Küchenmaschine mit 150 Milliliter Gelatinebrühe fein pürieren. Die Sahne schlagen, unter das Forellenmus ziehen und auf die Terrinen geben. Die Formen 24 Stunden im Kühlschrank fest werden lassen. 30 Minuten vor dem Servieren aus dem Kühlschrank nehmen.

Tipp: Schneiden Sie die Terrine in kleine Stücke und servieren Sie sie als Snack oder Amuse-Gueule.

Brokkoli-Lupinen-Terrine mit Erdnüssen

Lupinenquark steckt voller Eiweiß, Mineralstoffe und Vitamine.

Zubereitung: 30 Minuten
plus 24 Stunden zum Kühlen
Für 3 Formen à 250 ml Inhalt

Zutaten

1 großer Brokkoli (450–500 g)
200 g Lupinenquark
80 g Erdnüsse
3 junge Knoblauchzehen
Salz
Paprikapulver
gemahlener Koriander
1–2 TL Honig
Saft von ¼ Zitrone
5 Blatt weiße Gelatine
50 g Sahne
Öl für die Formen

▌ Die Formen mit Öl fetten und möglichst faltenfrei mit Folie auslegen. Die Erdnüsse ohne Fett goldbraun rösten und grob hacken. Den Knoblauch schälen und sehr fein hacken.

▌ Den Brokkoli waschen und in feine Röschen teilen, den Stiel schälen und grob würfeln. Zuerst die Röschen im kochenden Salzwasser 4–5 Minuten blanchieren, herausnehmen und abkühlen lassen. Danach die Stiele im Salzwasser weich kochen und wieder herausnehmen.

▌ Alle Brokkolistiele und so viele Röschen abwiegen, dass sich 200 Gramm ergeben, die restlichen Röschen beiseitelegen. Den abgewogenen Brokkoli mit Knoblauch und Lupinenquark in einer Küchenmaschine pürieren. Mit Salz, Paprika, Koriander, Honig und Zitronensaft abschmecken.

▌ Die Gelatine in kaltem Wasser 3 Minuten einweichen. Etwas Brokkolimasse erhitzen und die ausgedrückte Gelatine darin auflösen. Den Rest der Brokkolimasse nach und nach unter ständigem Rühren zum Gelatinegemisch geben. Die Sahne halbfest schlagen und unter die kalte Brokkolimasse heben. Die restlichen Röschen und die Erdnüsse ebenfalls unterziehen.

▌ Die Brokkolimasse in die Terrinenformen gießen, in den Kühlschrank stellen und 24 Stunden stocken lassen. 30 Minuten vor dem Servieren aus dem Kühlschrank nehmen.

Tipp: Lupinenquark ist nicht überall erhältlich. Sie bekommen ihn aber durchaus in einigen Bioläden und Reformhäusern oder ganz sicher über das Internet (siehe Seite 159).

Suppe & Curry

Hülsenfrüchte in Suppen und würzigen Currys –
das passt großartig. Mal klassisch-deftig, mal
sommerlich-frisch: von der grünen Erbsensuppe
über deftige Dicke Bohnen bis zum würzigen
Schlangenbohnencurry. Nur Mut, probieren Sie,
was Ihnen noch so einfällt …

Linsenrahmsuppe

Zubereitung: 10–15 Minuten
Garzeit: 45–50 Minuten

Zutaten

400 g Tellerlinsen | 200 g Crème fraîche
200 g Knollensellerie | 2 Karotten
2 Gemüsezwiebeln
2 Knoblauchzehen
2 EL Butter | Salz
schwarzer Pfeffer aus der Mühle
2 l Geflügel- oder Gemüsebrühe
2 EL Schwarzkümmel
½ Bund glatte Petersilie | Zitronensaft

▌ Sellerie, Karotten, die Zwiebeln und Knoblauchzehen schälen und grob würfeln. Die Butter in einem ausreichend großen Topf zerlassen und das Gemüse darin anschwitzen. Mit Salz und Pfeffer würzen.

▌ Die Brühe zum Gemüse gießen. Die Linsen hinzufügen, aufkochen und 45–50 Minuten köcheln lassen. Die Linsen sollen fast zerfallen. Eventuell etwas Brühe nachgießen.

▌ Die Suppe mit dem Stabmixer pürieren. Anschließend Crème fraîche und Schwarzkümmel einrühren. Petersilie waschen und trocken schütteln, die Blätter abzupfen, fein hacken und unterrühren. Die Linsenrahmsuppe mit Zitronensaft abschmecken und mit einem Löffel Crème fraîche garnieren.

Limabohnensuppe

Zubereitung: 2 ¼ Stunden plus
12 Stunden zum Einweichen
Garzeit:

Zutaten

300 g getrocknete Limabohnen, ersatzweise
Weiße Bohnen | 1 Zwiebel | 4 Knoblauchzehen | 1 Kartoffel (ca. 150 g) | 4 EL Olivenöl
je 2 Zweige Rosmarin und Thymian
200 g Frischkäse | Salz | schwarzer Pfeffer
aus der Mühle | Saft von 1 Biozitrone
2 EL gehackte frische | Gartenkräuter

▌ Die Bohnen 12 Stunden in kaltem Wasser einweichen, abseihen und abbrausen.

▌ Zwiebel und Knoblauchzehen schälen und in Scheiben schneiden. Die Kartoffel waschen, schälen und würfeln. Zwiebeln und Knoblauch im heißen Öl glasig anbraten. Die Kräuterzweige und Kartoffeln dazugeben und einige Minuten mitbraten. 2 Liter Wasser angießen. Die Bohnen dazugeben, die Suppe aufkochen und bei halb aufgelegtem Deckel 2 Stunden sanft köcheln lassen. Eventuell etwas Wasser nachgießen.

▌ Wenn die Bohnen weich sind, den Frischkäse dazugeben und alles mit dem Stabmixer fein pürieren. Mit Salz, Pfeffer und Zitronensaft abschmecken. Mit gehackten Kräutern bestreut servieren.

Mungbohnen-Gemüse-Suppe

Zubereitung: 10–15 Minuten
plus 12 Stunden zum Einweichen
Garzeit: 30–40 Minuten

Zutaten

300 g getrocknete Mungbohnen
100 g Staudensellerie | 1 Karotte | 1 Zwiebel
20 g frischer Ingwer | 1 Knoblauchzehe
2 EL Sesamöl | 200 ml Sake
1,8–2 l Gemüsebrühe | 200 ml Hoisinsauce
Saft und Schale von 1 Limette
1 Stange Zitronengras | 1 Msp. rote Curry-
paste | 1 EL Fischsauce | 1 EL Sojasauce
1–2 Msp. Sambal Oelek

▮ Die Bohnen 12 Stunden in kaltem Wasser einweichen, abseihen und abbrausen.

▮ Staudensellerie, Karotte, Zwiebel, Ingwer und Knoblauch schälen und fein würfeln. Das Gemüse im
heißen Sesamöl glasig anbraten. Mit Sake ablöschen
und mit Gemüsebrühe und Hoisinsauce auffüllen.

▮ Den Saft und die Schale der Limette, die halbierte
Zitronengrasstange, die Currypaste und die Fisch-
und Sojasauce dazugeben. Mungbohnen hinzufügen und die Suppe aufkochen. Den Deckel so auflegen, dass ein Spalt offen bleibt, und die Suppe
30–40 Minuten köcheln. Die Bohnen sollen weich
sein, eventuell noch etwas Gemüsebrühe nachgießen. Zum Servieren mit Fischsauce, Sojasauce und
Sambal Oelek abschmecken.

Kaiserschotensuppe

Zubereitung: 15–20 Minuten
Garzeit: 6–8 Minuten

Zutaten

800 g Kaiserschoten
100 g Butter
400 g gepalte frische Erbsen,
ersatzweise TK
Salz | 2 EL Zucker
100 ml Weißwein
Saft von ½ Limette
100 g geschlagene Sahne
schwarzer Pfeffer aus der Mühle

▮ Die Kaiserschoten waschen und grob schneiden. Mit
den Erbsen in 30 Gramm Butter anschwitzen, mit
Salz und Zucker bestreuen. Wenige Minuten rühren,
bis der Zucker karamellisiert. Mit Wein ablöschen
und mit 1 Liter Wasser aufgießen. Die Suppe aufkochen und 6–8 Minuten sprudelnd kochen.

▮ Die restliche Butter zur Suppe geben und mit dem
Stabmixer fein pürieren. Mit Salz und Pfeffer
abschmecken und mit der geschlagenen Sahne verfeinern.

Tipp: Die Kaiserschotensuppe schmeckt toll mit
Kräutern. Wer mag, kann einige Zweige Estragon mit
in den Ansatz geben. Die Zweige sollten Sie vor dem
Pürieren wieder herausnehmen. Sehr schön sommer-
lich wird die Suppe mit frischer Minze.

Grüne Minestrone mit Erbsen und Bohnen

Diese Minestrone sieht nicht nur super aus, sie schmeckt auch noch klasse.

Zubereitung: 30 – 40 Minuten
Garzeit: 10 – 15 Minuten

Zutaten

150 g gepalte frische Erbsen,
ersatzweise TK
150 g gepalte frische Dicke Bohnen,
ersatzweise TK
30 g Pinienkerne
25 g frisches Basilikum
25 g frische glatte Petersilie
8 Knoblauchzehen
Salz
schwarzer Pfeffer aus der Mühle
Zucker
Saft von ¼ Biozitrone
200 ml + 4 EL Olivenöl
2 Zwiebeln
150 g Zuckerschoten
150 g Gartenbohnen
150 g Kartoffeln
3 grüne Tomaten
150 ml Weißwein
1,6 l Gemüsebrühe
8 Speckscheiben

■ Für das Pesto die Pinienkerne ohne Fett goldbraun rösten. Die Kräuter waschen, trocken schütteln, die Blätter in die Küchenmaschine geben. Sechs Knoblauchzehen schälen, grob hacken und dazugeben. Mit 1 Prise Salz, Pfeffer und 1 Prise Zucker bestreuen und mit Zitronensaft sowie 175 – 200 Milliliter Öl fein pürieren. Pinienkerne hinzufügen, noch mal kurz mixen.

■ Für die Minestrone Zwiebeln und restlichen Knoblauch schälen und fein würfeln. Zuckerschoten und Gartenbohnen waschen, putzen und in Streifen schneiden. Kartoffeln waschen, schälen und fein würfeln. Tomaten enthäuten, vierteln und würfeln.

■ Die Zwiebel- und Knoblauchwürfel in 4 Esslöffeln Öl glasig anbraten. Die Erbsen und Dicken Bohnen, Zuckerschoten, Gartenbohnen und Kartoffelwürfel hinzufügen, 2 Minuten mitbraten. Mit Salz, Pfeffer und etwas Zucker bestreuen, 1 Minute umrühren; mit Wein ablöschen und mit Brühe auffüllen. Einmal aufkochen, dann 10 – 15 Minuten köcheln.

■ Den Backofen auf 180 °C (Ober-/Unterhitze) vorheizen. Die Speckscheiben im Backofen 10 – 15 Minuten goldbraun rösten, auf Küchenkrepp entfetten. Die Suppe nochmals aufkochen und die Tomatenwürfel sowie 4 Esslöffel Pesto einrühren, mit Salz und Pfeffer abschmecken. Die Minestrone mit Speck und Pesto servieren.

Rote-Linsen-Suppe mit gebackenem Zander

Ingwer und Gewürze runden die Suppe geschmacklich ab und verleihen ihr ein besonderes Aroma.

Zubereitung: 25 – 30 Minuten
Garzeit: 20 Minuten

Zutaten

Für die Suppe
400 g rote Linsen
1 Zwiebel
2 Karotten
2 EL Sesamöl
Salz
1 TL Tandoori-Gewürz
1 EL Zucker
30 g frischer Ingwer
Saft von 1 Limette
200 g Sahne
schwarzer Pfeffer aus der Mühle

Für den Zander
500 g Zanderfilet (ohne Haut und Gräten)
2 Eier
125 ml Bier
125 g Mehl
Salz
schwarzer Pfeffer aus der Mühle
Saft von 1 Limette
Mehl zum Wenden
Öl zum Frittieren

▌ Die Zwiebel und die Karotten schälen und fein würfeln. Das Sesamöl in einem großen Topf erhitzen und die Zwiebel- und Karottenwürfel darin bei mittlerer Temperatur anbraten. Mit Salz, Tandoori-Gewürz und Zucker bestreuen und 1 Minute weiterbraten. Mit 1,5 Liter Wasser auffüllen. Die Linsen dazugeben und die Suppe aufkochen.

▌ Den Ingwer schälen, fein hacken und zur Suppe geben. Den Limettensaft ebenfalls dazugeben. Die Suppe 20 Minuten sanft köcheln lassen. Anschließend die Sahne einrühren und die Suppe mit dem Stabmixer pürieren. Mit Salz und Pfeffer abschmecken. Sollte die Suppe zu dick sein, noch etwas Wasser dazugeben. Die Suppe warm halten.

▌ Währenddessen für den Bierteig die Eier trennen. Bier, Mehl, Salz und Eigelb zu einem homogenen Teig verrühren. Eiweiße steif schlagen und unter den Bierteig heben. Das Zanderfilet kalt waschen, trocken tupfen, in grobe Würfel schneiden und mit Salz, Pfeffer und Limettensaft kurz marinieren.

▌ Zum Frittieren etwa 1,5 Liter Öl in einem großen Topf auf 180 °C erhitzen. Die Fischwürfel in Mehl wenden, in den Bierteig tauchen und im heißen Fett goldgelb frittieren. Auf Küchenkrepp entfetten und zur Suppe servieren.

Dicke Bohnen mit Ferkelbauch

Eine Variante des rheinischen Klassikers: Hier werden die Bohnen statt mit Speck mit krossem Ferkelbauch zubereitet.

Zubereitung: 30–40 Minuten
Garzeit: 30–40 Minuten

Zutaten

800 g gepalte frische Dicke Bohnen, ersatzweise TK
400 g Ferkelbauch mit Schwarte
1 Lorbeerblatt
2 Gewürznelken
2 Wacholderbeeren
Salz
2 Karotten
½ Knolle Sellerie
2 große Zwiebeln
5–6 Kartoffeln
2 EL Butter
400 g Sahne
3 Zweige Bohnenkraut
schwarzer Pfeffer aus der Mühle
frisch geriebene Muskatnuss
Öl zum Braten
Küchengarn

❚ Für ein Kräutersäckchen Lorbeer, Nelken und Wacholder in ein Leinentuch einschlagen und mit Küchengarn zusammenbinden. Den Ferkelbauch mit 2 Liter Wasser aufkochen, dabei regelmäßig abschäumen. 15 Gramm Salz und das Kräutersäckchen dazugeben. 60 Minuten leise köcheln lassen, immer wieder abschäumen. Karotten, Sellerie und eine Zwiebel schälen, würfeln und dazugeben. Den Ferkelbauch noch 4 Stunden sanft garen, eventuell Wasser nachgießen.

❚ Den Ferkelbauch aus dem Topf nehmen, die Brühe durch ein Sieb gießen. Den Knochen aus dem Bauch herausziehen und die Schwartenseite mit einem sehr scharfen Messer rautenförmig einritzen. Etwas Öl in einer Pfanne erhitzen und die Schwarte darin langsam kross braten. Den Ferkelbauch in grobe Stücke schneiden.

❚ Die Kartoffeln waschen, schälen und würfeln. Die zweite Zwiebel schälen, ebenfalls würfeln und in der heißen Butter anbraten. Die Ferkelbauchstücke hinzufügen und einige Minuten mitbraten. 1 Liter Ferkelbauchbrühe und die Sahne angießen, aufkochen. Die Kartoffelwürfel und die Bohnen dazugeben. Das Bohnenkraut waschen, trocken schütteln, die Nadeln fein hacken und hinzufügen.

❚ Den Eintopf mit Salz, Pfeffer und Muskat würzen und 30–40 Minuten sanft köcheln lassen. Nach Bedarf Flüssigkeit dazugeben und zum Servieren mit Salz und Pfeffer abschmecken.

Adzukibohnensuppe mit Hähnchen

Diese Bohnen sind hierzulande relativ unbekannt – aus der asiatischen Küche sind sie nicht wegzudenken.

Zubereitung: 40–45 Minuten
Garzeit: 15 Minuten
(Bild Seite 70)

Zutaten

300 g Adzukibohnen (aus der Dose)
200 g Hähnchenbrustfilet
1 Zwiebel
2 Karotten
1 Stück Zitronengras
20 g frischer Ingwer
2 EL Sesamöl
+ Sesamöl zum Abschmecken
1,2 l Gemüsebrühe
1 Zweig Thai-Basilikum
2 Kaffirlimettenblätter
Saft von ½ Biozitrone
1 Msp. Sambal Oelek
Salz
schwarzer Pfeffer aus der Mühle
75 g Reisnudeln
Fischsauce
süße und salzige Sojasauce
einige Zweige Koriandergrün

■ Die Adzukibohnen in ein Sieb geben und kalt abbrausen. Die Zwiebel schälen und in feine Würfel schneiden. Die Karotten schälen und in Stifte schneiden, das Zitronengras in drei bis vier grobe Stücke schneiden. Schließlich auch den Ingwer schälen und fein reiben.

■ Das Sesamöl in einem Topf erhitzen. Die Zwiebelwürfel darin anschwitzen, die Adzukibohnen dazugeben und 2 Minuten mitschwenken. Die Gemüsebrühe sowie die Zitronengrasstücke, das Thai-Basilikum, die Limettenblätter, den Ingwer, den Zitronensaft und das Sambal Oelek dazugeben. Die Suppe aufkochen und 15 Minuten leise köcheln.

■ Die Hähnchenbrust waschen, in mundgerechte Streifen schneiden und mit Salz und Pfeffer würzen. In die Suppe geben und 10 Minuten darin ziehen lassen. Die Suppe soll dabei aber nicht mehr sprudelnd kochen.

■ Die Reisnudeln in leicht gesalzenem Wasser 6 Minuten kochen. Abseihen und mit kaltem Wasser abbrausen. Zitronengras, Thai-Basilikum und Limettenblätter aus der Suppe nehmen. Die Suppe mit Fischsauce, Sesamöl und Sojasaucen abschmecken.

■ Den Koriander waschen und trocken schütteln, die Blätter fein hacken. Die Suppe vor dem Servieren noch einmal kurz aufkochen und mit den Reisnudeln auf vier Schälchen verteilen. Mit dem Koriander garniert servieren.

Frische Erbsensuppe mit Garnelenspieß

Dies ist meine Lieblingssuppe – einfach zuzubereiten und geschmacklich grandios.

Zubereitung: 15–20 Minuten
Garzeit: 6–8 Minuten
(Bild Seite 71)

Zutaten

800 g gepalte frische Erbsen,
ersatzweise TK
12 rohe Riesengarnelen
2 Stangen Zitronengras
Salz
3 EL Olivenöl
2 Prisen Zucker
Saft von ¼ Biozitrone
Fleur de Sel
schwarzer Pfeffer aus der Mühle

▌ Für die Suppe die Zitronengrasstangen in grobe Stücke schneiden und mit 1,5 Liter gesalzenem Wasser aufkochen. Die Erbsen darin 6–8 Minuten blanchieren. Die Erbsen abseihen und das Kochwasser auffangen. Die Erbsen mit 800 Milliliter Kochwasser und 1 Esslöffel Öl in eine Küchenmaschine geben. Die Suppe fein pürieren und mit 2 Prisen Salz und Zucker sowie dem Zitronensaft abschmecken.

▌ Für die Spieße die Garnelen pulen und den Darm entfernen. Waschen und abtupfen. Das restliche Öl in einer Pfanne erhitzen und die Garnelen darin kurz und heiß anbraten. Sie sollten in der Mitte noch glasig sein. Mit Fleur de Sel und Pfeffer würzen. Vier Spieße mit je etwa drei Garnelen vorbereiten. Die Erbsensuppe noch einmal aufkochen und mit den Garnelen servieren.

Gemüsesuppe mit Sprossen, Tofu und Erdnüssen

Zubereitung: 30–35 Minuten
Garzeit: 10–15 Minuten

Zutaten

½ Bund Staudensellerie
2 Karotten | 1 Gemüsezwiebel
2 Knoblauchzehen
150 g Sprossen | 200 g Tofu
4 EL Erdnussbutter oder -paste
2 EL Sesamöl
1,2 l Gemüsebrühe
Saft von 1 Limette
süße und salzige Sojasauce
1 EL Fischsauce | Wasabipaste
Salz | Öl zum Frittieren

▍ Den Sellerie waschen, putzen und in feine Scheiben schneiden. Die Karotten schälen und in Rauten schneiden, Gemüsezwiebel und Knoblauch schälen und in Streifen schneiden.

▍ Die Zwiebel- und Knoblauchstreifen im heißen Sesamöl glasig anbraten. Sellerie und Karotten dazugeben und 1 Minute mitbraten. Mit Brühe aufgießen und aufkochen. Den Limettensaft unterrühren und die Suppe 10–15 Minuten köcheln lassen. Mit süßer und salziger Sojasauce sowie Fischsauce und Wasabi abschmecken.

▍ Etwa 1 Liter Öl in einem großen Topf auf 180 °C erhitzen. Den Tofu in Stücke schneiden und im Öl goldbraun ausbacken. Mit einer Schaumkelle herausnehmen, auf Küchenkrepp entfetten und nach Belieben salzen. Die Erdnusspaste mit etwas Brühe anrühren und nach Belieben mit Sojasauce nachwürzen.

▍ Die Sprossen heiß waschen und abtropfen lassen. Die Suppe aufkochen, die Sprossen hineingeben und alles 5 Minuten kochen lassen. Mit Tofu und Erdnusspaste servieren.

Feuerbohnensuppe mit Apfel und Kürbiskernen

Zubereitung: 15–20 Minuten
plus 12 Stunden Einweichen
Garzeit: 1 Stunde 50 Minuten

Zutaten

300 g getrocknete Feuerbohnen
3 säuerliche Äpfel
4 EL Kürbiskerne
1 Zwiebel
100 g Speck | 1 EL Butter
1,8 l Brühe | 2 Kartoffeln
4 Karotten
100 g Knollensellerie
100 g Sahne
Salz
schwarzer Pfeffer aus der Mühle
Kürbiskernöl

▍ Die Feuerbohnen 12 Stunden in reichlich kaltem Wasser einweichen, abseihen und abbrausen. Die Feuerbohnen mit 1,5 Liter Wasser aufkochen und mindestens 1 ½ Stunden kochen lassen. Die Feuerbohnen abgießen.

▍ Die Zwiebel schälen und fein würfeln, den Speck ebenfalls würfeln und mit den Zwiebelwürfeln in der Butter anschwitzen. Die Brühe angießen und die gekochten Bohnen hineingeben. Die Kartoffeln, die Karotten und den Sellerie schälen und würfeln. Die Äpfel schälen, entkernen und würfeln. Alles zu den Feuerbohnen geben, die Suppe aufkochen und 20 Minuten köcheln lassen.

▍ Die Kürbiskerne in einer Pfanne ohne Fett rösten. Zum Servieren die Sahne unter die Feuerbohnensuppe rühren und alles mit Salz und Pfeffer abschmecken. Die Suppe mit den gerösteten Kürbiskernen und Kürbiskernöl servieren.

Linsen-Kürbis-Suppe mit geräucherter Entenbrust

Zubereitung: 10–15 Minuten
Garzeit: 20 Minuten

Zutaten

200 g gelbe Linsen
500 g Butternusskürbis
16 Scheiben geräucherte
Entenbrust | 1 große Zwiebel
1 Zweig Estragon
2 EL Olivenöl
Salz | schwarzer Pfeffer aus der
Mühle | 2 TL Honig
Saft von 2 Orangen
1,6–1,8 l Gemüsebrühe

▌ Die Zwiebel schälen und in Ringe schneiden. Den Kürbis waschen, halbieren und schälen. Die Kerne entfernen und den Kürbis in dünne Scheiben schneiden. Estragon waschen, trocken schütteln, die Blätter fein schneiden.

▌ Die Zwiebelringe und die Kürbisscheiben im heißen Öl farblos anschwitzen. Die Temperatur reduzieren, das Gemüse mit Salz und Pfeffer würzen, mit Honig beträufeln und 1 Minute weiterbraten. Mit Orangensaft ablöschen und mit der Brühe auffüllen.

▌ Die Linsen und den Estragon dazugeben, die Suppe aufkochen und 20 Minuten köcheln lassen. Eventuell noch Brühe dazugeben. Die Entenbrustscheiben zur Suppe servieren.

Tipp: Mit geräuchertem Tofu anstelle der Entenbrust wird die Linsen-Kürbis-Suppe vegetarisch.

Würziger Kichererbsen-Rindfleisch-Topf

Zubereitung: 15–20 Minuten
plus 12 Stunden Einweichen
Garzeit: etwa 1 Stunde

Zutaten

200 g getrocknete Kichererbsen
500 g Rindfleisch | Salz
schwarzer Pfeffer aus der Mühle
2 Zwiebeln | 2 Knoblauchzehen
30 g frischer Ingwer | 1 rote Chili-
schote | 500 g Tomaten | 2 EL Öl
2 EL rote Currypaste
Kardamom, Kurkuma, Paprika-
gewürz, Kreuzkümmel
1 EL Tomatenmark
1 EL eingelegter Ingwer
100 g Butter
3 Frühlingszwiebeln | Sojasauce

▌ Die Erbsen 12 Stunden in kaltem Wasser einweichen, abseihen und abbrausen.

▌ Das Fleisch in Streifen schneiden und mit Salz und Pfeffer würzen. Zwiebeln, Knoblauch und Ingwer schälen. Zwiebeln würfeln, Ingwer und Knoblauch fein hacken. Chili putzen, entkernen und fein hacken. Tomaten waschen und würfeln.

▌ Das Fleisch im heißen Öl scharf anbraten. Die Temperatur reduzieren, Zwiebeln, Knoblauch, Ingwer, Currypaste, Chili und die restlichen Gewürze hinzufügen. Alles einige Minuten unter Rühren braten. Die Kichererbsen und die Tomatenwürfel sowie 1,6 Liter Wasser und das Tomatenmark dazugeben, aufkochen und 60–70 Minuten köcheln.

▌ Gegen Garzeitende den eingelegten Ingwer hacken und zum Schluss zur Suppe geben. Die Frühlingszwiebeln putzen, waschen und in Streifen schneiden. Die Butter einrühren und die Suppe mit Sojasauce, Salz und Pfeffer abschmecken. Zum Servieren die Frühlingszwiebeln in die Suppe geben.

Curry mit Kidneybohnen und Fisch

Ein cremig-würziges Curry mit zarten Fischfilets

Zubereitung: 15 Minuten
plus 12 Stunden zum Einweichen
Garzeit: 1 Stunde 20 Minuten

Zutaten

200 g getrocknete Kidneybohnen
4 Fischfilets (à ca. 250 g)
5 Curryblätter
1 Zwiebel
30 g frischer Ingwer
3 Knoblauchzehen
2 grüne Chilischoten
2 EL Sonnenblumenöl
4 TL gemahlener Koriander
10 g Tamarindenpaste
500 ml Kokosmilch
Salz

❚ Die Kidneybohnen 12 Stunden in kaltem Wasser einweichen, abseihen und abbrausen.

❚ Die Zwiebel schälen und in feine Ringe schneiden, Ingwer und Knoblauch schälen und fein hacken. Die Chili putzen, entkernen und fein hacken.

❚ Das Öl in einem großen, flachen Topf oder in einer Pfanne erhitzen. Darin Zwiebeln, Ingwer, Knoblauch, Chili und Curryblätter scharf anbraten. Die Temperatur reduzieren, Koriander hinzufügen und kurz mitbraten. 1,5 Liter Wasser, Tamarindenpaste und Bohnen hinzufügen und alles bei mittlerer Temperatur mindestens 60 Minuten köcheln lassen.

❚ Sobald die Bohnen weich sind, die Kokosmilch einrühren. Die Suppe nochmals aufkochen, 10 Minuten köcheln lassen und mit Salz abschmecken. Nach Bedarf noch Flüssigkeit dazugeben.

❚ Die Fischfilets kalt waschen, trocken tupfen, in 6 Zentimeter lange Stücke schneiden und in die sanft köchelnde Suppe legen. Die Temperatur herunterschalten und die Fischstücke je nach Dicke in 8–10 Minuten gar ziehen lassen. Mit der Suppe servieren.

Tipp: Wer es noch schärfer möchte, erhitzt 50 Milliliter Sonnenblumenöl und röstet darin 2 Teelöffel schwarze Senfsaat mit 1 roten getrockneten Chili kurz an. Die Gewürze im Mörser zerstoßen und zum Curry servieren. Vorsicht, sehr scharf!

Schlangenbohnencurry

Zubereitung: 10 Minuten
Garzeit: 20 Minuten

Zutaten

800 g Schlangenbohnen
1 Zweig Curryblätter
2 grüne Chilischoten | 1 Zwiebel
¼ TL gemahlene Kurkuma
1 TL gemahlener Kreuzkümmel
½ TL Bockshornkleesamen
½ TL Fenchelsamen | 2,5 EL Öl
500 ml Kokoscreme (aus der
Dose)
500 ml Gemüsebrühe | Salz

■ Die Schlangenbohnen waschen und in 5 Zentimeter lange Stücke schneiden. Die Chilischoten putzen, entkernen und fein hacken. Die Zwiebel schälen und in Streifen schneiden. Die Bohnen, die Chilistücke und die Zwiebelstreifen mit den Gewürzen in einer Schüssel mischen.

■ Das Öl in einer großen Pfanne oder in einem Wok erhitzen. Die Bohnen-Gewürz-Mischung hineingeben und 5 Minuten pfannenrühren. Die Kokoscreme sowie die Brühe einrühren und aufkochen. Die Temperatur reduzieren und das Curry etwa 20 Minuten köcheln lassen. Mit Salz abschmecken und servieren.

Kichererbsencurry mit Gemüse

Zubereitung: 15 – 20 Minuten
plus 12 Stunden zum Einweichen
Garzeit: 1 Stunde 25 Minuten

Zutaten

400 g getrocknete Kichererbsen
2 rote Zwiebeln | 1 große Aubergine
1 Tomate | 300 g Kartoffeln
3 grüne Chilischoten | ½ TL Kurkumapulver | 50 g Erdnüsse
40 g frischer Ingwer | 4 – 5 Knoblauchzehen | weiße Pfefferkörner
1 EL Koriandersamen
1 TL Kreuzkümmelsamen
½ TL Fenchelsamen
1 Zimtstange | 6 Kardamomkapseln | 6 Gewürznelken
6 – 7 EL Erdnussöl | 250 ml Kokosmilch | 2 – 3 EL Tamarindenpaste
Salz

■ Die Erbsen 12 Stunden in kaltem Wasser einweichen, abseihen und abbrausen.

■ Kichererbsen und Kurkuma mit 1,8 Liter Wasser aufkochen. Die Temperatur reduzieren und die Kichererbsen bei halb aufgelegtem Deckel 1 Stunde 15 Minuten köcheln lassen. Beiseitestellen.

■ Zwiebeln schälen und in Ringe schneiden. Aubergine und Tomate waschen und grob würfeln. Kartoffeln schälen und würfeln. Chilischoten putzen, entkernen und fein hacken. Erdnüsse hacken. Ingwer und Knoblauch schälen und fein reiben. Pfeffer, Koriander-, Kreuzkümmel- und Fenchelsamen im Mörser fein mahlen. Zimt, Kardamom und Nelken in ein Leinentuch geben und mit Küchengarn verschnüren.

■ Die Zwiebelringe im heißen Öl 4 – 5 Minuten braun braten. Das Gemüse hinzufügen und kurz mitbraten. Erdnüsse, Ingwer, Knoblauch, gemahlene Gewürze und Gewürzbeutel dazugeben. Kichererbsen mit dem Kochwasser sowie Kokosmilch und Tamarindenpaste hinzufügen. Aufkochen, nach Geschmack salzen und das Curry 20 Minuten köcheln, gelegentlich umrühren und nach Bedarf Flüssigkeit dazugeben.

Kichererbsen-Kartoffel-Curry mit Weißkohl

Milde Gewürze und eine angenehme Schärfe machen dieses Curry zu einer leichten, aber sättigenden Gemüsemahlzeit.

Zubereitung: 20–25 Minuten
plus 12 Stunden zum Einweichen
Garzeit: 1 Stunde 40 Minuten

Zutaten

200 g getrocknete Kichererbsen
300 g mehlig kochende Kartoffeln
350 g Weißkohl
150 g Schalotten
4 Knoblauchzehen
2 rote Chilischoten
4 EL Erdnussöl
1 EL scharfes Currypulver
1 TL gemahlener Kreuzkümmel, geröstet
Salz
schwarzer Pfeffer aus der Mühle

▌ Die Kichererbsen 12 Stunden in kaltem Wasser einweichen, abseihen und abbrausen.

▌ Die Kichererbsen mit 1,5 Liter Wasser in einem Topf aufkochen. Die Temperatur reduzieren und die Erbsen zugedeckt 60 Minuten weich kochen. Die gekochten Kichererbsen abseihen.

▌ Währenddessen die Kartoffeln schälen und in 2 Zentimeter große Würfel schneiden. Vom Weißkohl die äußeren Blätter abtrennen, den Strunk entfernen und den Kohl ebenfalls in etwa 2 Zentimeter große Quadrate schneiden. Schalotten und Knoblauch schälen und fein würfeln. Chilischoten putzen, entkernen und fein hacken.

▌ Das Erdnussöl in einer großen Pfanne erhitzen und die Schalotten- und Knoblauchwürfel sowie die Chilistücke darin anbraten. Das Currypulver, den gerösteten Kreuzkümmel, die Kichererbsen und die Kartoffelwürfel unterrühren. 1,5 Liter Wasser angießen und alles aufkochen, unter gelegentlichem Rühren 20–25 Minuten garen.

▌ Den Weißkohl zum Curry geben, gut umrühren und aufkochen. Den Deckel halb auflegen und das Curry noch 10–15 Minuten köcheln lassen. Mit Salz und Pfeffer abgeschmeckt servieren.

Tipp: Falls Sie es nicht ganz so scharf mögen, ersetzen Sie die Chilischoten durch Piment d'Espelette oder schwarzen Pfeffer.

Rotes Kidneybohnencurry mit Lamm

Zubereitung: 20–25 Minuten
plus 12 Stunden zum Einweichen
Garzeit: etwa 1 Stunde 30 Minuten

Zutaten

300 g getrocknete Kidneybohnen
400 g Lammfleisch (Keule oder
Schulter) | 300 g Tomaten
2 Zwiebeln | 5 Knoblauchzehen
30 g frischer Ingwer | 2 grüne
Chilischoten | 10 g Kardamom-
kapseln | 5 Gewürznelken
1 Stange Zimt | 15 g gemahlene
Kurkuma | 30 g gemahlener
Koriander | 5 g Garam Masala
10 g schwarzer Pfeffer, grob
gemahlen | 30–50 g grüne Pfef-
ferpaste | Salz | Öl zum Braten

▐ Die Kidneybohnen 12 Stunden in Wasser einweichen, abseihen und abbrausen.

▐ Die Tomaten waschen und in grobe Stücke schneiden. Das Fleisch in mundgerechte Stücke schneiden. Etwas Öl in einem Bräter erhitzen und das Lamm darin von allen Seiten anbraten. Herausnehmen und beiseitestellen. Zwiebeln schälen und in feine Ringe schneiden. Knoblauch und Ingwer schälen und fein hacken. Chili putzen, entkernen und fein hacken.

▐ Kardamom und Nelken im Mörser fein zerkleinern. Mit Zwiebeln, Knoblauch, Ingwer, Chili und Zimt kurz in heißem Öl anbraten. Tomatenstücke, 1 Liter Wasser und übrige Gewürze hinzufügen. Das Curry umrühren und aufkochen. Das Fleisch und die Bohnen hinzufügen und alles zugedeckt bei mittlerer Temperatur 1,5–2 Stunden schmoren.

▐ Das Curry zwischendurch immer wieder umrühren, eventuell noch etwas Wasser hinzufügen. Es ist fertig, wenn das Fleisch weich von der Gabel fällt. Mit Salz und Pfeffer abgeschmeckt servieren.

Erdnusscurry

Zubereitung: 10 Minuten
plus 30 Minuten zum Einweichen
Garzeit: 15 Minuten

Zutaten

500 g Erdnüsse, geröstet
600 ml Kokosmilch
3 grüne Chilischoten
1 TL Chilipulver
1 TL gemahlener Kreuzkümmel,
geröstet | ½ TL gemahlene
Kurkuma | 1 Pandan-Blatt
1 Zimtstange | 2 Zwiebeln
50 g Ghee oder Butter
1 Zweig Curryblätter
½ TL Dillsamen | Salz

▐ Die Erdnüsse mit kaltem Wasser bedecken und 30 Minuten einweichen, danach das Wasser abgießen. Die Chilischoten putzen, entkernen und fein hacken.

▐ Erdnüsse, Kokosmilch, Chilipulver, Kreuzkümmel, Kurkuma, das Pandan-Blatt und die Zimtstange in einen Topf geben. Die gehackten Chilischoten dazugeben und alles gemeinsam 10 Minuten köcheln lassen.

▐ Die Zwiebeln schälen und fein würfeln. Das Ghee in einer Pfanne zerlassen. Die Zwiebelwürfel, Curryblätter und Dillsamen darin bei mittlerer Temperatur 4 Minuten braten. Die Mischung zum Erdnusscurry geben und weitere 5 Minuten köcheln lassen. Mit Salz abgeschmeckt servieren.

Genial gefüllt

In knusprigen Teighüllen verstecken sich wahre
Aromakracher. Ob asiatisch abgeschmeckte
Wachtelbohnen, deftige Linsen oder fruchtig-
frische Zuckerschoten – diese Füllungen werden
Sie begeistern!

Won tan mit Wachtelbohnen und Thai-Basilikum

Werden Sie kreativ und probieren Sie unterschiedliche Füllungen.

Zubereitung: 25–30 Minuten
plus 12 Stunden zum Einweichen
Garzeit: 1 Stunde, 10–15 Minuten Dämpfen
Für 24 Teigtaschen

Zutaten

24 Won-tan-Blätter
100 g getrocknete Wachtelbohnen
einige Zweige Thai-Basilikum
50 g frischer Ingwer
2 Stangen Zitronengras
100 g Scampi
3 Frühlingszwiebeln
1 Knoblauchzehe
½ TL Salz
1 TL Zucker
Saft von ½ Limette
1 TL Sojasauce
1 TL Austernsauce
1 TL dunkles Sesamöl
1 TL Speisestärke
1 Msp. Sambal Oelek
1 Bambusdämpfer (24 cm Ø)
1 Bananenblatt zum Auslegen
salzige und süße Sojasauce zum Dippen

▌ Die Bohnen 12 Stunden in kaltem Wasser einweichen, abseihen und abbrausen.

▌ 30 Gramm Ingwer schälen und in grobe Scheiben schneiden. Zitronengrasstangen dritteln. Bohnen mit 1 Liter Wasser, Zitronengras und Ingwer aufkochen, die Temperatur reduzieren und die Bohnen halb zugedeckt in 60 Minuten weich kochen. Auf ein Sieb gießen, Kochwasser auffangen, Ingwer und Zitronengras entfernen.

▌ Währenddessen Scampi kalt abwaschen, schälen, halbieren und den Darm entfernen, sehr fein hacken. Frühlingszwiebeln putzen, waschen und in sehr feine Ringe schneiden. Thai-Basilikum waschen, trocken schütteln, die Blätter in feine Streifen schneiden.

▌ Restlichen Ingwer und Knoblauch schälen, fein hacken. Mit Bohnen, Salz, Zucker, Limettensaft, Sojasauce, Austernsauce, Sesamöl und 1–2 Teelöffeln Kochwasser fein pürieren. Abkühlen lassen. Scampi, Zwiebeln, Basilikum und Stärke unter das Püree rühren. Won-tan-Blätter nebeneinanderlegen und mit Wasser einpinseln. Auf jedes Blatt 1–2 Teelöffel Püree geben und die Kanten oben und an den Seiten fest zusammendrücken.

▌ Won tan auf das Bananenblatt in den Dämpfer setzen. So viel Wasser in einen großen Topf füllen, dass der Boden gut bedeckt ist und der Dämpfer das Wasser nicht berührt. Deckel auflegen, Wasser aufkochen und die Teigtaschen 10–15 Minuten dämpfen. Die Won tan warm mit salziger und süßer Sojasauce servieren.

Erbsen-Feta-Torteletts

Frische Erbsen und würziger Fetakäse im krossen Mürbteig.

Zubereitung: 30 Minuten
plus 5 ½ Stunden zum Kühlen
Backzeit: 30–40 Minuten
Für 8–10 Tortelettförmchen à 10 cm Ø

Zutaten

300 g gepalte frische Erbsen,
ersatzweise TK
150 g Fetakäse
250 g Mehl | 1 Prise Salz
125 g kalte Butter | 4 Eigelb
1 EL Butter | 2 EL Zucker
100 ml Weißwein | 250 g Crème
fraîche | Cayennepfeffer
Zitronensaft | Butter für die Form
Mehl für die Arbeitsfläche

▌Für den Teig Mehl mit Salz, kalter Butter und 2 Eigelb verkneten. In Folie eingeschlagen, 30 Minuten kalt stellen. Förmchen mit Butter fetten, mit Mehl ausstreuen.

▌Teig auf einer bemehlten Arbeitsfläche 5 Millimeter dünn ausrollen und Kreise (etwa 12 Zentimeter Ø) ausstechen. In die Förmchen legen und andrücken, überstehende Kanten abschneiden. Mit einer Gabel mehrmals einstechen. Für 5 Stunden in den Kühlschrank oder das Tiefkühlfach stellen.

▌Den Backofen auf 180 °C (Ober-/Unterhitze) vorheizen und die Tartelets 10–15 Minuten vorbacken. Erbsen in der heißen Butter farblos anschwitzen. Mit Salz und Zucker bestreuen und 1 Minute weiterbraten. Mit Wein ablöschen und fast vollständig einkochen lassen.

▌Den Backofen auf 200 °C (Ober-/Unterhitze) schalten. Feta klein würfeln. Crème fraîche mit Salz, Cayenne und Zitronensaft abschmecken und mit 2 Eigelb verrühren. Einige Löffel in jede Tarte geben, Erbsen und Feta aufstreuen und die Torteletts 20–25 Minuten backen. Sofort servieren.

Piroggen mit gelbem Erbsenpüree und Pecorino

Die osteuropäische Variante der Teigtaschen, mit einer würzigen Erbsencreme gefüllt.

Zubereitung: 1 ¾ Stunden
Für 16–20 Stück

Zutaten

125 g getrocknete gelbe
Schälerbsen | 150 g Pecorino
125 g ausgedrückter Magerquark
125 g Mehl | 125 g Butter | Salz
1 hart gekochtes Ei
Saft von ¼ Biozitrone
1 Prise Zucker
frisch geriebene Muskatnuss
2 EL Olivenöl | 1 Ei
Mehl für die Arbeitsfläche

▌Für die Füllung die Erbsen mit 1 Liter Wasser 60 Minuten kochen. Abseihen und das Kochwasser auffangen.

▌Inzwischen für den Teig Magerquark mit Mehl, Butter und 1 Teelöffel Salz fest verkneten. Den Teig in Folie wickeln und 30 Minuten kühl ruhen lassen.

▌Pecorino fein reiben, das gekochte Ei pellen und fein hacken. Erbsen in eine Küchenmaschine geben. 1–2 Esslöffel Kochwasser, Zitronensaft, Zucker, Salz, Muskat und Öl hinzufügen. Alles fein pürieren, Käse und Ei unterrühren, nochmals abschmecken.

▌Den Backofen auf 200 °C (Ober-/Unterhitze) vorheizen. Den Teig auf einer bemehlten Arbeitsfläche 3–4 Millimeter dünn ausrollen und Kreise (8–10 Zentimeter Ø) ausstechen. Ei mit 1 Prise Salz verquirlen, die Ränder damit einstreichen. In die Mitte je 2–3 Teelöffel Püree geben, Teig zusammenklappen und die Ränder mit einer Gabel gut festdrücken. Auf ein mit Backpapier belegtes Blech legen, mit Ei bestreichen und im Backofen 25–30 Minuten backen. Heiß servieren.

Zuckerschoten-Aprikosen-Ravioli

Zubereitung: 50–60 Minuten
Garzeit: 5–7 Minuten
Für 24–30 Ravioli

Zutaten

200 g Zuckerschoten
100 g getrocknete Aprikosen
200 g Mehl | Salz | 2 Eier
½ Bund Basilikum
75 g Hartkäse (z.B. Parmesan
oder Pecorino) | 150 g Ricotta
schwarzer Pfeffer aus der Mühle
1 Eiweiß | Olivenöl
einige Zweige Salbei | 4 EL Butter
Mehl für die Arbeitsfläche

▌ Für den Teig Mehl, 1 Prise Salz, Eier und 2 Teelöffel Wasser glatt verkneten. Den Teig in Folie wickeln und 30 Minuten bei Zimmertemperatur ruhen lassen.

▌ Für die Füllung Zuckerschoten waschen und fein schneiden. Aprikosen waschen, entsteinen und fein würfeln. Basilikum waschen, trocken schütteln, die Blätter fein schneiden. Käse fein reiben. Aprikosen, Zuckerschoten, Basilikum und Parmesan mit Ricotta verrühren. Mit Salz und Pfeffer abschmecken.

▌ Den Teig auf einer bemehlten Arbeitsfläche dünn ausrollen und in zwei gleich große Stücke schneiden. Eiweiß mit 1 Prise Salz verquirlen und ein Teigstück dünn damit bepinseln. Die Füllung in gleichmäßigen Abständen (etwa 5 Zentimeter) darauf verteilen. Zweite Teigplatte auflegen, vorsichtig andrücken und runde Ravioli (5–7 Zentimeter Ø) ausstechen.

▌ Ausreichend Salzwasser aufkochen und die Ravioli darin 5–7 Minuten leise köcheln beziehungsweise ziehen lassen. Herausnehmen, gut abtropfen lassen und mit Olivenöl beträufeln. Salbei waschen, trocken schütteln, die Blätter in feine Streifen schneiden. Butter und Salbei in einer großen Pfanne erhitzen, die Ravioli darin anbraten und sofort servieren.

Blätterteigtaschen mit blauen Bohnen

Zubereitung: 25–30 Minuten
Backzeit: 20–25 Minuten
Für 12 Taschen

Zutaten

450 g Blätterteig (aus dem Kühlregal) | 300 g blaue Gartenbohnen, ersatzweise Wachsbohnen |
Salz | 4 Frühlingszwiebeln
1 Knoblauchzehe | 50 g würziger Bergkäse | 1 EL Paniermehl
150 g Frischkäse | schwarzer Pfeffer aus der Mühle | 1 Eiweiß
Mehl für die Arbeitsfläche
Sauerrahm zum Dippen

▌ Die blauen Bohnen waschen und putzen, in 1 Liter gesalzenem Wasser 8–10 Minuten blanchieren. Abseihen und kalt abbrausen.

▌ Für die Füllung die Bohnen in 5 Millimeter lange Stücke schneiden, Frühlingszwiebeln putzen, waschen und in feine Ringe schneiden. Knoblauch schälen und sehr fein hacken. Bergkäse fein reiben und mit Gemüse, Paniermehl und Frischkäse verrühren. Mit Salz und Pfeffer abschmecken.

▌ Den Backofen auf 200 °C (Ober-/Unterhitze) vorheizen. Blätterteig auf einer bemehlten Arbeitsfläche in Quadrate von 10 × 10 Zentimeter Größe schneiden. Eiweiß mit 1 Prise Salz verquirlen und die Ränder der Quadrate damit bestreichen. In die Mitte jeweils 1 Esslöffel Füllung geben, Blätterteigtaschen verschließen, Ränder mit einer Gabel gut zusammendrücken. Die Taschen auf ein mit Backpapier ausgelegtes Backblech setzen und im Backofen 20–25 Minuten goldbraun backen. Mit Sauerrahm servieren.

Sauerkraut-Beluga-Strudel

Das Tolle bei Strudeln ist, dass man tausend verschiedene Füllungen zubereiten kann.

Zubereitung: 40 Minuten
plus Ruhzeit von 30 Minuten
Backzeit: 45 – 50 Minuten

Zutaten

Für den Strudelteig
150 g Mehl
25 ml Öl + Öl zum Einreiben
3 g Salz
1 EL Paniermehl
Mehl für die Arbeitsfläche
flüssige Butter zum Bestreichen

Für die Füllung
400 g Sauerkraut
200 g Belugalinsen
1 Zwiebel
2 Knoblauchzehen
2 EL Butter
etwas Honig
100 ml Weißwein
100 g Frischkäse
Salz
schwarzer Pfeffer aus der Mühle

▌ Für den Teig Mehl, Öl, Salz und 75 Milliliter lauwarmes Wasser verkneten und zu einer Kugel formen. Den Teig mit Öl einreiben, in Folie einschlagen und 30 Minuten ruhen lassen. Linsen in 1,2 Liter Wasser 30 – 40 Minuten kochen, abseihen und die Flüssigkeit auffangen.

▌ Für die Füllng Zwiebel und Knoblauch schälen, fein würfeln und in heißer Butter farblos anschwitzen. Sauerkraut hinzufügen und 2 Minuten mitbraten. Mit Honig beträufeln, 1 Minute weiterbraten und mit Wein ablöschen. 100 Milliliter Wasser angießen und alles 30 Minuten dünsten. Sauerkraut abseihen und abtropfen lassen, Linsen und Frischkäse untermischen, mit Salz und Pfeffer abschmecken.

▌ Den Backofen auf 200 °C (Ober-/Unterhitze) vorheizen. Teig mit etwas Mehl ausrollen, über die Handrücken auseinanderziehen und auf ein bemehltes Tuch legen. Dicke Kanten abschneiden. Über den Teig flüssige Butter geben. Das untere Drittel mit Paniermehl bestreuen, Füllung darauf verteilen und an den Rändern 7 – 10 Zentimeter frei lassen. Rechten und linken Rand nach innen schlagen, Strudel möglichst fest aufrollen und mit der Naht nach unten auf ein mit Backpapier ausgelegtes Blech legen. Mit flüssiger Butter bepinseln und im Backofen 45 – 50 Minuten backen, dabei noch zweimal mit flüssiger Butter bepinseln. Warm servieren.

Kräuterwrap mit würziger Lupinencreme

Zubereitung: 30 Minuten
Für 8–12 Wraps

Zutaten

150 g Lupinenquark (siehe
Seite 58) | je 1 Bund glatte Peter-
silie und Schnittlauch | 3 Eier
100 ml Milch | 100 g Mehl | Salz
1 Prise frisch geriebene Muskat-
nuss | Saft von ½ Biozitrone
je ¼ TL gemahlener Kreuzkümmel, Paprikapulver, gemahlener
Koriander und gemahlene Fen-
chelsamen | ½ Kopf- oder Roma-
nasalat | einige Blätter Baby-Lea-
ves-Salat oder Rucola
50 g Kichererbsensprossen
50 g Sojakeime
schwarzer Pfeffer aus der Mühle
Öl zum Braten

▍ Die Kräuter waschen, trocken schütteln, die Blätter zupfen und
fein hacken. Ein Viertel der Kräuter beiseite stellen. Die restlichen Kräuter mit Eiern, Milch, Mehl, Salz und Muskat zu
einem glatten Teig verrühren.

▍ 1 Esslöffel Öl in einer kleinen, beschichteten Pfanne erhitzen. Je
eine Kelle Teig hineingeben und nacheinander sehr dünne
Pfannkuchen backen. Auf einem Rost abkühlen lassen.

▍ Für die Füllung den Lupinenquark mit Salz, Zitronensaft und
den übrigen Gewürzen verrühren und abschmecken. Kopfsalat
und Baby Leaves waschen und trocken schleudern. Die abgekühlten Pfannkuchen dünn mit Lupinenquark bestreichen und
mit jeweils 1–2 Salatblättern und einigen Baby Leaves belegen.

▍ 3 Esslöffel Öl im Wok stark erhitzen. Die Kichererbsensprossen
und Sojakeime heiß waschen, abtropfen lassen und im Wok
anbraten. Mit Salz und Pfeffer würzen, auf Küchenkrepp entfetten und auf den Pfannkuchen verteilen. Die Pfannkuchen zu
Wraps einrollen, eventuell halbieren und sofort servieren.

Mini-Strudel mit Keniabohnen und Ziegenkäse

Zubereitung: 30 Minuten
Für 16 Mini-Strudel

Zutaten

300 g Keniabohnen
200 g Ziegenkäserolle
100 g Ziegenfrischkäse
Salz | ½ Bund Majoran
schwarzer Pfeffer aus der Mühle
1 Msp. Paprikapulver | 1 Eiweiß
16 Blätter Frühlingsrollenteig
(12 × 12 cm)
Öl zum Frittieren

▍ Die Bohnen waschen und putzen, in 1 Liter gesalzenem Wasser
8–10 Minuten blanchieren. Abseihen und kurz kalt abbrausen.

▍ Den Majoran waschen, trocken schütteln, die Blätter hacken.
Ziegenkäse mit einer Gabel zerdrücken und mit Frischkäse, Majoran, 1 Prise Salz, Pfeffer und Paprika glatt rühren. Bohnen sehr
fein hacken und unter die Käsemasse rühren. Abschmecken.

▍ Das Eiweiß mit 1 Prise Salz verquirlen. Die Frühlingsrollenblätter
auf die Arbeitsfläche legen und die Ränder dünn mit verquirltem
Eiweiß bestreichen. In die Mitte der Teigstücke jeweils 2–3 Teelöffel Füllung geben. Dabei an den Seiten je einen 2 Zentimeter
breiten Rand lassen. Die Teigränder links und rechts zur Mitte
hin umklappen und jedes Teigstück zu einer Rolle einrollen.

▍ 1,5 Liter Öl in einem großen Topf auf 180 °C erhitzen. Die
Mini-Strudel darin goldbraun ausbacken, herausnehmen und auf
Küchenkrepp entfetten. Warm servieren.

Fajitas mit Kidneybohnen und Avocadodip

Ein schnelles und gesundes Essen

**Zubereitung: 25–30 Minuten
plus 12 Stunden zum Einweichen
Garzeit: 1 Stunde 30 Minuten
Für 4 Fajitas**

Zutaten

Für die Fajitas
4 Weizentortillas
100 g getrocknete Kidneybohnen
1 halber, kleiner Spitzkohl
1 rote Paprikaschote
2 Zwiebeln
3 Knoblauchzehen
1 grüne Chilischote
3 Tomaten
2 EL Olivenöl
Salz
schwarzer Pfeffer aus der Mühle
100 ml Gemüsebrühe
100 g mittelalter Gouda
2 EL gehackte glatte Petersilie
Fett für das Blech

Für den Avocadodip
1 reife Avocado
Salz
schwarzer Pfeffer aus der Mühle
Saft von ½ Biozitrone

▌ Vom Spitzkohl die äußeren Blätter entfernen. Kohl vierteln, Strunk entfernen und die Blätter in Rauten schneiden. Paprika putzen, waschen und in Streifen schneiden. Zwiebel und Knoblauch schälen und in Streifen schneiden. Chilischote putzen, entkernen und fein hacken. Die Tomaten waschen und grob würfeln.

▌ Spitzkohl im heißen Öl 2 Minuten kräftig anbraten. Paprika dazugeben und 2 Minuten mitbraten, Zwiebeln, Chilistücke und Knoblauch hinzufügen, noch 2 Minuten braten. Mit Salz und Pfeffer würzen und mit Brühe ablöschen. Tomaten und Bohnen unterrühren, die Temperatur reduzieren und das Ganze köcheln lassen, bis die Flüssigkeit verkocht ist.

▌ Den Backofen auf 200 °C (Ober-/Unterhitze) vorheizen. Weizentortillas auf ein gefettetes Backblech legen und die Füllung gleichmäßig darauf verteilen. Dann den Käse darüberreiben, alles mit Petersilie bestreuen. Die Fajitas zusammenklappen und im Backofen 15–20 Minuten backen.

▌ Für den Dip die Avocado halbieren, entkernen und schälen. Das Fruchtfleisch mit einer Gabel zerdrücken und mit Salz, Pfeffer und Zitronensaft würzen. Zu den Fajitas servieren.

Auflauf & Soufflé

Gibt es eine praktischere Erfindung als Aufläufe? Definitiv nicht! Mit Linsen, Bohnen, Erbsen und Co. wird Ihre schnelle Alltags- und kreative Resteküche noch bunter und dazu richtig gesund.

Wachtelbohnen mit Paprika aus dem Ofen

Mediterrane Aromen, jede Menge Gemüse und würzige Wachtelbohnen

**Zubereitung: 20 Minuten
plus 12 Stunden Einweichen
Garzeit: 50–60 Minuten**

Zutaten

200 g getrocknete Wachtelbohnen
5 längliche Paprikaschoten
5 Knoblauchzehen
2 Zwiebeln | 1 rote oder grüne
Chiliachote | 5 Tomaten | 4 EL Oli-
venöl | je 2 Zweige Thymian und
Rosmarin | Salz | schwarzer Pfef-
fer aus der Mühle | Honig | Saft
von ¼ Zitrone | 150 ml Gemüse-
brühe | 150 g Pecorino | 4 Eier

▌ Die Bohnen 12 Stunden in kaltem Wasser einweichen, abseihen und abbrausen. Mit 1,2 Liter Wasser aufkochen, Temperatur reduzieren und den Deckel so auflegen, dass ein Spalt offen bleibt, 50–60 Minuten kochen. Abseihen und das Kochwasser auffangen.

▌ Knoblauch und Zwiebeln schälen und fein würfeln. Paprika putzen, waschen und in Rauten schneiden. Chili putzen, entkernen und fein hacken. Tomaten waschen und würfeln. Knoblauch und Zwiebeln in 2 Esslöffeln Öl anbraten. Paprika, Chili und gewaschene Kräuterzweige dazugeben und alles 2 Minuten braten. Tomatenwürfel dazugeben. Mit Salz, Pfeffer, Honig und Zitronensaft abschmecken, Kräuterzweige entfernen.

▌ Den Backofen auf 200 °C (Ober-/Unterhitze) vorheizen. Bohnen und Gemüse in eine ofenfeste Form schichten, Brühe darübergießen, Käse darüberreiben und zum Schluss vorsichtig 4 Eier über dem Auflauf aufschlagen. Im Backofen in 30–40 Minuten überbacken. Leicht abgekühlt servieren.

Mungbohnen mit Sesamkruste

Asiatisch abgeschmeckte Bohnen mit Tofu und einer nussigen Kruste

**Zubereitung: 10–15 Minuten
plus 12 Stunden zum Einweichen
Garzeit: 30–40 Minuten**

Zutaten

300 g getrocknete Mungbohnen
5 EL Sesamsaat | 5 Schalotten
6 Zweige Koriandergrün
4 EL Sesamöl | 300 ml Gemüse-
brühe | 2 EL Fischsauce
6 EL salzige Sojasauce
3 EL süße Sojasauce
1 TL Sambal Oelek
10 g Tamarindenpaste
150 g Tofu | 100 g Paniermehl
3 EL Butter

▌ Die Bohnen 12 Stunden in kaltem Wasser einweichen, abseihen und kalt abbrausen. Mit 1,2 Liter Wasser aufkochen und 30–40 Minuten garen, abseihen. Inzwischen Schalotten schälen und in Ringe schneiden. Koriander waschen, trocken schütteln, die Blätter in feine Streifen schneiden.

▌ Schalottenringe in 1 Esslöffel Sesamöl anbraten, mit Gemüsebrühe ablöschen. Fisch- und Sojasaucen, Sambal Oelek und Tamarindenpaste dazugeben. Aufkochen, mit Bohnen mischen und so lange köcheln, bis die Flüssigkeit fast verkocht ist. Koriander unterrühren.

▌ Eine flache Auflaufform mit 2 Esslöffeln Sesamöl fetten und die Bohnen samt Sud hineingeben, Tofu darüberbröseln. Den Backofen auf 200 °C (Ober-/Unterhitze) vorheizen. Die Sesamsaat in einer Pfanne ohne Fett rösten, abkühlen lassen und in der Küchenmaschine grob zerkleinern. Sesam mit Paniermehl, 1 Esslöffel Sesamöl und Butter mischen und über die Bohnen geben, alles im Backofen 20 Minuten überbacken.

Markerbsen-Makkaroni-Auflauf

Zubereitung: 40–50 Minuten
Backzeit: 30–40 Minuten

Zutaten

600 g gepalte frische Markerbsen,
ersatzweise TK
300 g Makkaroni
Salz | 6 EL Olivenöl
Saft von ¼ Zitrone | Zucker
150 g Parmesan
2 Knoblauchzehen | 2 Zwiebeln
300 g Fleischtomaten
schwarzer Pfeffer aus der Mühle
25 g Butter | 25 g Mehl
500 ml Milch | frisch geriebene
Muskatnuss | Öl für die Form

▌ Die Erbsen in 1,5 Liter gesalzenem Wasser 5–6 Minuten blanchieren. Abseihen, das Kochwasser auffangen. 400 Gramm Erbsen mit 2–3 Esslöffeln Kochwasser, 2 Esslöffeln Olivenöl, Zitronensaft und 1 Prise Zucker fein pürieren. 60 g geriebenen Parmesan unterrühren.

▌ Knoblauch und Zwiebeln schälen und würfeln. Tomaten waschen und würfeln. Knoblauch und Zwiebeln in 2 Esslöffel Olivenöl anschwitzen und mit Salz, Pfeffer und 1 Prise Zucker würzen. Tomaten hinzufügen, Temperatur reduzieren und alles unter gelegentlichem Rühren 15 Minuten köcheln, abschmecken.

▌ Für die Béchamel die Butter zerlassen und das Mehl einrühren. Milch zugießen und die Béchamel unter Rühren 6–8 Minuten köcheln, mit Salz und Muskat würzen. Die Makkaroni nach Packungsangabe bissfest kochen, abgießen und kalt abbrausen.

▌ Den Backofen auf 200 °C (Ober-/Unterhitze) vorheizen. Eine Auflaufform mit Öl fetten. Nudeln, Tomaten und Béchamel einschichten, Erbspüree und restliche Erbsen darauf verteilen. Mit dem übrigen geriebenen Parmesan bestreuen und den Auflauf im Backofen in 30–40 Minuten überbacken.

Überbackene Spargelbohnen mit Bröseln und Bohnenkraut

Zubereitung: 20–25 Minuten
Backzeit: 30–40 Minuten

Zutaten

800 g Spargelbohnen
80 g Paniermehl
1 Bund Bohnenkraut | Salz
4 Frühlingszwiebeln
1 Knoblauchzehe
150 g Fetakäse
100 g Sauerrahm | 1 Ei
schwarzer Pfeffer aus der Mühle
2 EL Röstzwiebeln
100 g kalte Butter, gewürfelt
Butter für die Form

▌ Die Spargelbohnen waschen, putzen und in 6 Zentimeter lange Stücke schneiden. 1,5 Liter gesalzenes Wasser aufkochen und die Bohnen darin 8–10 Minuten blanchieren, herausnehmen und kurz kalt abbrausen.

▌ Frühlingszwiebeln waschen, putzen und in Ringe schneiden. Knoblauch schälen und fein hacken. Bohnenkraut waschen, trocken schütteln, die Blätter fein schneiden. Eine flache Auflaufform mit Butter fetten und die Bohnen und Frühlingszwiebeln einschichten.

▌ Den Backofen auf 200 °C (Ober-/Unterhitze) vorheizen. Den Feta mit einer Gabel zerdrücken und mit Sauerrahm und Ei verrühren. Knoblauch und Bohnenkraut mit der Feta-Sahne-Mischung verrühren, mit Salz und Pfeffer abschmecken und alles über die Bohnen geben. Den Auflauf mit Paniermehl, Röstzwiebeln und kalten Butterwürfeln bestreuen und im Backofen in 30–40 Minuten goldbraun backen.

Cannellinibohnen mit Spinat und Manchego

Diese Bohnensorte ist aus der mediterranen Küche nicht wegzudenken. Hier eine aromatische Variante aus dem Ofen.

**Zubereitung: 15 Minuten
plus 12 Stunden Einweichen
Garzeit: etwa 1 Stunde 30 Minuten**

Zutaten

300 g getrocknete Cannellinibohnen
600 g junger Spinat
100 g Manchego (spanischer
Schafshartkäse), gerieben
10 junge Knoblauchzehen
2 Zweige Rosmarin
3 EL Olivenöl
Saft von ½ Orange
Saft von 1 Biozitrone
Honig
Fleur de Sel
schwarzer Pfeffer aus der Mühle
Öl für die Form

❚ Die Cannellinibohnen 12 Stunden in reichlich kaltem Wasser einweichen, abseihen und kalt abbrausen.

❚ Einen großen Topf mit 2 Liter Wasser, 6 geschälten und angedrückten Knoblauchzehen und den gewaschenen Rosmarinzweigen aufkochen. Die Bohnen darin 1–1,5 Stunden kochen, abseihen und die Brühe auffangen. Die Ros-marinzweige entfernen. Inzwischen den Spinat waschen und trocken tupfen. Die übrigen Knoblauchzehen schälen und fein hacken.

❚ Den Backofen auf 220 °C (Ober-/Unterhitze) vorheizen. Ein Backblech oder eine flache Auflaufform mit Öl fetten. Die Spinatblätter, den Knoblauch und die Bohnen darauf verteilen. Mit dem Olivenöl, dem Orangen- und Zitronensaft sowie dem Honig beträufeln. Mit Fleur de Sel und Pfeffer würzen und alles gut durchmengen. Den Manchego darübergeben und die Bohnen im Backofen 10–15 Minuten überbacken.

Erbsensoufflé mit Räucherlachs

Genießen Sie diese luftigen Küchlein am besten frisch aus dem Ofen.

Zubereitung: 25–30 Minuten
Backzeit: 40 Minuten
Für 4–6 Souffléförmchen à 100 ml Inhalt

Zutaten

200 g gepalte frische Erbsen,
ersatzweise TK
100 g Räucherlachs (in Scheiben)
1 Frühlingszwiebel
2 EL Butter
Salz
1 Prise Zucker
Zitronensaft
100 ml Gemüsebrühe
25 g Crème double
50 g Frischkäse
½ Bund Kerbel
3 Eigelb
4 Eiweiß
Butter und Paniermehl
für die Förmchen

▌ Die Souffléförmchen buttern und mit Paniermehl ausstreuen. Den Räucherlachs würfeln und in den Förmchen verteilen.

▌ Für die Soufflémasse die Frühlingszwiebel putzen, waschen und in feine Ringe schneiden. Erbsen und Frühlingszwiebel in der heißen Butter anschwitzen. Mit je 1 Prise Salz und Zucker sowie 1 Spritzer Zitronensaft würzen. Die Gemüsebrühe angießen und so lange köcheln lassen, bis die Flüssigkeit fast vollständig verdampft ist und die Erbsen weich sind.

▌ Die Erbsenmischung in eine Küchenmaschine geben und pürieren. Falls nötig, wenig Gemüsebrühe nachgießen. 150 Gramm Püree abwiegen und mit Crème double und Frischkäse verrühren. Den Kerbel waschen und trocken schütteln, die Blätter fein schneiden und zur Erbsenmasse geben.

▌ Den Backofen auf 200 °C (Ober-/Unterhitze) vorheizen. Die Eigelbe unter die Mischung rühren. Die Eiweiße mit 1 Prise Salz steif schlagen und den Eischnee zügig unter die Erbsen-Eigelb-Masse heben. Die Soufflémasse sofort in die vorbereiteten Förmchen füllen.

▌ Die Förmchen in eine flache Form oder ein tiefes Backblech stellen. Diese bis zur Hälfte mit heißem Wasser füllen und in den Backofen schieben. Die Soufflés im Backofen 30–40 Minuten backen. Ofenfrisch servieren.

Gratinierte Ratatouille-Linsen

Zubereitung: 50 Minuten
Backzeit: 45 Minuten

Zutaten

200 g Belugalinsen
300 g Auberginen
400 g Zucchini
3 Paprikaschoten
2 Zwiebeln
2 Knoblauchzehen
400 g Tomaten
6 EL Olivenöl | Salz
schwarzer Pfeffer aus der Mühle
je 1 Zweig Basilikum, Thymian
und Majoran
je 150 g Crème fraîche und Sahne
3 Eier | 150 g Bergkäse
Öl für die Form

▌ Die Linsen in 1,5 Liter Wasser 30–40 Minuten kochen, dann abseihen.

▌ Auberginen und Zucchini waschen und schälen, in walnussgroße Stücke schneiden. Paprika putzen, waschen und in Rauten schneiden. Zwiebeln und Knoblauch schälen und würfeln. Tomaten waschen und würfeln. Auberginen und Zucchini im heißen Olivenöl goldbraun anbraten. Temperatur reduzieren, Paprika, Zwiebeln und Knoblauch dazugeben und 5 Minuten weiterbraten. Mit Salz und Pfeffer würzen.

▌ Kräuter waschen, trocken schütteln, die Blätter fein schneiden. Mit den Tomaten unter das Gemüse heben. Bei niedriger Temperatur und halb aufgelegtem Deckel 30–45 Minuten schmoren. Ratatouille abschmecken und abseihen, Sud auffangen.

▌ Den Backofen auf 200 °C (Ober-/Unterhitze) vorheizen. Eine Auflaufform mit Öl fetten und das Ratatouille hineingeben, Linsen darauf verteilen. Ratatouillesud mit Crème fraîche, Sahne und Eiern verrühren, mit Salz und Pfeffer abschmecken und über das Gemüse gießen. Bergkäse darüberreiben und das Gratin im Backofen etwa 45 Minuten überbacken. Mit Baguette servieren.

Kichererbsen-Mangold-Auflauf mit Ziegenkäse

Zubereitung: 1 ¼ – 1 ¾ Stunden
plus 12 Stunden zum Einweichen
Garzeit: etwa 1 Stunde 30 Minuten

Zutaten

200 g getrocknete Kichererbsen
1 kg Mangold
150 g reifer Ziegengouda
Salz | 4 EL Sonnenblumenkerne
2 Zwiebeln | 3 Knoblauchzehen
3 EL Olivenöl | 1 Prise Zucker
¼ TL gemahlener Koriander
Saft von ¼ Biozitrone
50 g Rosinen | 125 g Frischkäse
125 ml Milch | 3 Eier
Öl für die Form

▌ Die Kichererbsen 12 Stunden in kaltem Wasser einweichen, abseihen und kalt abbrausen. Dann in 1,5 Liter Wasser 1–1,5 Stunden kochen, abseihen.

▌ Sonnenblumenkerne ohne Fett rösten und grob hacken. Mangold waschen, Stiele aus den Blättern herausschneiden und in sehr feine Streifen schneiden. Die Blätter grob schneiden. Zwiebeln und Knoblauch schälen und würfeln.

▌ Zwiebeln und Knoblauch mit Mangoldstielen im heißen Olivenöl anbraten und 2 Minuten schwenken. Mangoldblätter dazugeben und 1 Minute mitbraten, Temperatur reduzieren und alles mit Salz, Zucker, Koriander und Zitronensaft abschmecken. Mit Rosinen, Kichererbsen und Sonnenblumenkernen verrühren.

▌ Den Backofen auf 200 °C (Ober-/Unterhitze) vorheizen. Eine flache Auflaufform mit Öl fetten, Mangoldmischung hineingeben. Frischkäse mit Milch und Eiern glatt rühren und mit Salz abschmecken, über den Mangold geben. Ziegengouda darüberreiben und den Auflauf im Backofen 20–30 Minuten überbacken.

Würziger Hackfleischauflauf mit Breiten Bohnen

Die Breiten Bohnen schmecken frisch und sämig-würzig und passen perfekt zu deftigem Hackfleisch mit Kartoffeln.

Zubereitung: 25 Minuten
plus 12 Stunden Einweichen
Garzeit: etwa 1 Stunde 30 Minuten

Zutaten

400 g gemischtes Hackfleisch
500 g Breite Bohnen (Stangenbohnen)
300 g Kartoffeln
Salz
1 Zwiebel
2 Knoblauchzehen
1 Chilischote
150 g Speck
2 EL Olivenöl
½ TL Paprikapulver
½ TL gemahlener Kreuzkümmel
½ TL gemahlener Koriander
3 EL Sojasauce
schwarzer Pfeffer aus der Mühle
150 g Röstzwiebeln
125 ml Gemüsebrühe
2 Eier
frisch geriebene Muskatnuss
150 g frisch geriebener Hartkäse
(z.B. Parmesan oder Pecorino)
Butter für die Form

▌ Die Breiten Bohnen waschen und putzen. Die Kartoffeln waschen, schälen und in dünne Scheiben schneiden. Kartoffelscheiben bis zur Verwendung in kaltes Wasser legen.

▌ 1,5 Liter gesalzenes Wasser aufkochen, die Bohnen darin 6–8 Minuten blanchieren, mit einer Schaumkelle aus dem Wasser heben und abkühlen lassen. Das Wasser wiederum aufkochen und die Kartoffelscheiben darin in 8–10 Minuten bissfest blanchieren. Das Kochwasser abgießen.

▌ Zwiebel und Knoblauch schälen und würfeln. Die Chilischote putzen, entkernen und fein hacken. Speck fein würfeln. Speckwürfel und Hackfleisch im heißen Öl kross anbraten. Die Temperatur reduzieren und Zwiebel- und Knoblauchwürfel 2 Minuten mitbraten. Mit Paprikapulver, Kreuzkümmel, Koriander und Sojasauce würzen. 5 Esslöffel Wasser dazugeben und alles in 5 Minuten fertig braten. Mit Salz und Pfeffer abschmecken.

▌ Den Backofen auf 200 °C (Ober-/Unterhitze) vorheizen. Eine Auflaufform mit Butter fetten. Kartoffelscheiben, Hackfleisch, Röstzwiebeln und Bohnen einschichten. Die Gemüsebrühe mit den Eiern verquirlen und mit Salz und Muskat würzen. Die Ei-Brühe-Mischung und den geriebenen Hartkäse über den Auflauf geben und diesen im Backofen 35–40 Minuten überbacken.

Gefülltes Gemüse mit Linsen und Ziegenkäse

Zubereitung: 25–30 Minuten
Backzeit: 40–50 Minuten

Zutaten

1 Aubergine | 1–2 Zucchini
2 längliche Paprikaschoten
4 grüne Tomaten
3 weiße Zwiebeln
200 g Tellerlinsen
2 Knoblauchzehen
4 EL Olivenöl | Salz
je 2 Zweige Basilikum und
Thymian | 200 g Ziegenfrischkäse
100 g Sauerrahm | 2 Eier
80 g Paniermehl
1 Msp. Cayennepfeffer
200 ml Brühe | Öl für die Form

▌ Für die Füllung die Linsen in 1,2 Liter Wasser 45 Minuten kochen, absieben und abtropfen lassen.

▌ Währenddessen Auflaufform mit Öl fetten. Gemüse waschen, Auberginen und Zucchini in 4 Zentimeter lange Stücke schneiden, Paprika längs durch den Strunk halbieren, putzen und waschen. Von den Tomaten den Deckel abschneiden, Zwiebeln schälen und längs halbieren. Gemüsestücke mit einem Kugelausstecher aushöhlen und innen leicht salzen, nebeneinander in die Auflaufform setzen. Das übrige Gemüse (bis auf die Tomatendeckel) fein hacken und beiseitestellen.

▌ Für die Füllung Knoblauch schälen und fein hacken. Das fein gehackte Gemüse mit dem Knoblauch in 2 Esslöffeln Olivenöl anbraten und mit Salz abschmecken. Die Kräuter waschen, trocken schütteln, die Blätter fein schneiden und unter die Linsen rühren. Mit der Hälfte des Gemüses, Ziegenfrischkäse, Sauerrahm und Eiern mischen. 50 Gramm Paniermehl hinzufügen, mit Salz und Cayennepfeffer pikant abschmecken.

▌ Den Backofen auf 180 °C (Ober-/Unterhitze) vorheizen. Gemüse mit der Linsenmischung füllen und mit restlichem Paniermehl bestreuen. Bei den Tomaten die Deckel aufsetzen. Das übrige Olivenöl darüberträufeln und die Brühe mit dem restlichen Gemüse seitlich angießen. Im Backofen 40–50 Minuten backen.

Gelbes Linsensoufflé mit Kräuterdip

Zubereitung: 25 Minuten
Backzeit: 30–40 Minuten
Für 4–6 Souffléförmchen à 200 ml Inhalt

Zutaten

100 g gelbe Linsen
1 Bund gemischte Gartenkräuter
200 g Sahnequark
1 Knoblauchzehe | 1 Schalotte
250 ml Gemüsebrühe
Saft von ¼ Biozitrone | Salz
je 1 Msp. Paprikapulver und
Cayennepfeffer | 100 g Frischkäse
3 Eigelb | 4 Eiweiß | 1 EL Linsenmehl | Butter und Paniermehl

▌ Für den Dip die Kräuter waschen, trocken schütteln, Blätter fein schneiden. Quark mit Kräutern und 1 Prise Salz glatt rühren, abschmecken.

▌ Den Knoblauch und die Schalotte schälen und würfeln. Mit Linsen, Brühe und Zitronensaft aufkochen. 15 Minuten sanft köcheln lassen, absieben und die Brühe auffangen. Währenddessen die Souffléförmchen buttern und mit Paniermehl ausstreuen.

▌ 150 g Linsen-Zwiebel-Mischung mit Salz, Paprika und Cayenne würzen. Mit Frischkäse pürieren, abschmecken und die Eigelbe unterrühren.

▌ Den Backofen auf 200 °C (Ober-/Unterhitze) vorheizen. Eiweiße mit 1 Prise Salz steif schlagen. Eischnee und Linsenmehl unter die Linsen-Frischkäse-Mischung ziehen und die Masse sofort in die vorbereiteten Förmchen füllen. In eine flache Form stellen und diese bis zur Hälfte mit heißem Wasser füllen. Die Soufflés im Backofen 30–40 Minuten backen. Warm mit Dip servieren.

Fisch & Fleisch

Bei den folgenden Rezepten werden die Beilagen zum Star. Bestes Fleisch, gutes Geflügel und frischer Fisch adeln die Hülsenfrüchte und lassen jedes Essen zum Festmahl werden.

Gelbe Linsen mit Wildreis und Jakobsmuscheln

Der Sauerrahm macht die kernige Linsen-Wildreis-Mischung schön cremig.

Zubereitung: 30 Minuten
Garzeit: 20–30 Minuten

Zutaten

150 g gelbe Linsen
150 g Wildreis
12 Jakobsmuscheln
Salz
2 Zwiebeln
2 Karotten
2–3 EL Olivenöl
1–2 TL Zucker
350 ml Gemüsebrühe
schwarzer Pfeffer aus der Mühle
200 g Sauerrahm
1 EL alter Balsamicoessig
2 EL Butter
Saft von ¼ Biozitrone
Öl zum Braten

▌ Den Wildreis kalt abspülen. In einem Topf mit 1 Liter gesalzenem Wasser aufkochen. Die Temperatur reduzieren, den Deckel auflegen und den Wildreis darin 20–30 Minuten sanft garen. Überschüssiges Kochwasser abgießen.

▌ Zwiebeln und Karotten schälen, fein würfeln und in 1 Esslöffel Olivenöl anschwitzen. Mit Zucker bestreuen und 1 Minute weiterbraten, mit Brühe ablöschen und alles aufkochen. Linsen zum Gemüse geben. Mit Salz und Pfeffer würzen. Halb zugedeckt bei geringer Temperatur etwa 8 Minuten ziehen lassen. Wildreis dazugeben und nochmals ziehen lassen, bis das Kochwasser fast vollständig aufgesogen ist. Mit Sauerrahm mischen und mit Salz, Pfeffer, Balsamico und restlichem Olivenöl abschmecken. Warm halten.

▌ Die Jakobsmuscheln kalt waschen, trocken tupfen und mit Salz und Pfeffer würzen. In 2 Esslöffeln Öl von beiden Seiten scharf anbraten. Temperatur reduzieren, Butter und Zitronensaft dazugeben und die Muscheln 1–2 Minuten nachbraten. Mit Linsenwildreis servieren.

Riesengarnelen mit Knoblauchbohnen

Dicke Bohnen und junger Knoblauch sind feine Begleiter für Garnelen.

Zubereitung: 40 Minuten
Garzeit: 4–6 Minuten

Zutaten

Für die Garnelen
20 rohe Riesengarnelen
1 Zweig Rosmarin
1 Spritzer Zitronensaft
1 EL Butter
Öl zum Braten

Für die Knoblauchbohnen
400 g gepalte frische Dicke Bohnen, ersatzweise TK
14 junge Knoblauchzehen
Salz
1 Zwiebel
1 Zweig Zitronenthymian
1 milde Chilischote
5 EL Olivenöl
4 EL Zitronensaft
1 TL brauner Zucker
grobes Meersalz oder Fleur de Sel
schwarzer Pfeffer aus der Mühle
Öl fürs Blech

▍ Für die Knoblauchbohnen 1,5 Liter gesalzenes Wasser aufkochen. Die Bohnenkerne 4–6 Minuten im kochenden Wasser blanchieren, abseihen und abtropfen lassen. Die Bohnenkerne enthäuten.

▍ Den Backofen auf 220 °C (Ober-/Unterhitze) vorheizen. Knoblauchzehen schälen und 4 Stück beiseitelegen. Zwiebel schälen und in Ringe schneiden. Zitronenthymian waschen, trocken schütteln und die Nadeln abzupfen. Chili putzen, entkernen und in Würfel schneiden.

▍ Zwiebelringe, 10 Knoblauchzehen, Zitronenthymian und Chili mit den Bohnen auf ein geöltes Backblech geben. Mit Olivenöl und Zitronensaft beträufeln, mit braunem Zucker bestreuen und mit Meersalz und Pfeffer würzen. Alles gut miteinander mischen und auf der oberen Schiene im Backofen 8–10 Minuten backen.

▍ Währenddessen die Garnelen kalt waschen und trocken tupfen. 4 Esslöffel Öl mit den restlichen Knoblauchzehen und dem gewaschenen Rosmarinzweig in einer Pfanne erhitzen. Die Garnelen darin von beiden Seiten etwa 2 Minuten sehr heiß anbraten. Die Pfanne vom Herd nehmen und die Butter sowie 1 Spritzer Zitronensaft dazugeben. Die Garnelen 1 Minute darin ziehen lassen. Die Knoblauchbohnen sofort mit den gebratenen Garnelen servieren.

Orangenseeteufel auf schwarzen Fenchellinsen

Orangen und Fenchel harmonieren großartig mit den zarten Seeteufelfilets.

Zubereitung: 30 – 35 Minuten
plus 12 Stunden zum Einweichen
Garzeit: 30 – 40 Minuten
Abkühlen: 6 – 8 Stunden

Zutaten

Für den Seeteufel
2 Seeteufelfilets (à ca. 400 g)
3 Knoblauchzehen
Saft von ½ Biozitrone
Salz
schwarzer Pfeffer aus der Mühle
Olivenöl
2 Zweige Estragon
Saft und Schale von 1 Bioorange
100 g braune Butter

Für die Fenchellinsen
250 g Belugalinsen
2 Fenchelknollen
2 EL Olivenöl
Salz
schwarzer Pfeffer aus der Mühle
Zucker
100 ml Weißwein
250 ml Gemüsebrühe
150 g geschlagene Sahne

▌ Die Linsen in 1 Liter Wasser bei halb aufgelegtem Deckel 30 – 40 Minuten leise köcheln lassen. Inzwischen von den Fenchelknollen das Grün abschneiden und beiseitelegen. Die holzigen Stiele und Blätter abschneiden. Die Knollen halbieren und den Strunk herausschneiden. Die Fenchelknollen waschen und fein würfeln.

▌ Fenchelwürfel im heißen Olivenöl scharf anbraten. Die Temperatur reduzieren und 2 Minuten weiterbraten, mit Salz und Pfeffer sowie 1 Prise Zucker würzen. Nochmals umrühren und mit Wein ablöschen, Brühe zugießen. Linsen dazugeben und aufkochen. 15 Minuten köcheln, die Flüssigkeit soll dabei fast vollständig verkochen.

▌ Für den Seeteufel den Knoblauch schälen und leicht andrücken. Fischfiletes kalt waschen, trocken tupfen, mit Zitronensaft beträufeln und mit Salz und Pfeffer würzen.

▌ Den Backofen auf 150 – 160 °C (Ober-/Unterhitze) vorheizen. Knoblauchzehen und die gewaschenen Estragonzweige in heißem Olivenöl mit den Seeteufelfilets anbraten. Fisch auf ein gefettetes, tiefes Backblech legen. Orangenschale darüber verteilen, mit Orangensaft und 2 Esslöffeln Olivenöl beträufeln. Fisch im Backofen 15 – 20 Minuten ziehen lassen, zwischendurch mit Olivenöl beträufeln.

▌ Fenchellinsen nochmals erwärmen und die geschlagene Sahne unterrühren, mit Salz und Pfeffer abschmecken. Fenchelgrün waschen, trocken schütteln und fein schneiden. Die Seeteufelfilets aus dem Ofen nehmen, in Stücke schneiden und den Fisch mit Fenchellinsen und brauner Butter servieren, mit Fenchelgrün bestreuen.

Zander mit Birnen, Gartenbohnen und Speck

Ein Klassiker der norddeutschen Küche

Zubereitung: 50–60 Minuten
Garzeit: 8–10 Minuten

Zutaten

4 Zanderfilets (à 170–180 g; mit Haut)
2–3 Birnen
500 g Gartenbohnen
100 g Speck
1 Zwiebel
2 EL Butter + Butter für die Form
Salz
1 TL Zucker
100 ml Weißwein
200 ml Fischfond
250 g Sahne
1 EL Honig
Saft von 1 Biozitrone
2 EL Walnussöl
2 Schalotten
schwarzer Pfeffer aus der Mühle
einige Zweige Estragon
40 g kalte Butter für die Sauce
Öl zum Braten

▌Zwiebel schälen und fein würfeln, in 1 Esslöffel Butter anschwitzen. Mit Salz und Zucker bestreuen, 1 Minute braten. Mit Wein ablöschen und mit Fischfond aufgießen. Leise köcheln, bis die Flüssigkeit auf die Hälfte reduziert ist. Die Sahne zugießen, aufkochen und die Sauce beiseitestellen.

▌Den Backofen auf 200 °C (Ober-/Unterhitze) vorheizen. Die Birnen waschen, vierteln, entkernen und mit den Schnittflächen nach oben in eine gebutterte Form setzen. Mit dem Honig, der Hälfte des Zitronensafts und Walnussöl beträufeln. Auf der oberen Schiene im Backofen 10–12 Minuten karamellisieren.

▌Bohnen waschen, putzen und in 1,5 Liter Salzwasser 8–10 Minuten blanchieren. Abseihen und kurz kalt abschrecken. Speck würfeln und ohne Fett kross braten. Schalotten schälen, fein würfeln und zum Speck geben, 2 Minuten glasig braten. Bohnen hinzufügen und alles 2–3 Minuten braten.

▌3 Esslöffel Öl erhitzen. Die Fischfilets kalt waschen, trocken tupfen, mit Salz, Pfeffer und übrigem Zitronensaft marinieren. Mit der Haut in die heiße Pfanne legen, mit einer zweiten Pfanne beschweren und die Filets kross braten. Vom Herd nehmen, 1 Esslöffel Butter und einige gewaschene Estragonzweige hineingeben. Filets wenden und 2–3 Minuten in der Butter ziehen lassen.

▌Sauce aufkochen und vom Herd nehmen, kalte Butter dazugeben und alles aufmixen. Zander mit Speckbohnen, Birnen und Sauce servieren.

Dorade mit Zitronenbohnen und buntem Gemüse

Zubereitung: 45–50 Minuten
plus 12 Stunden zum Einweichen
Garzeit: 1 Stunde

Zutaten

4 Doraden (à 350–400 g;
küchenfertig)
200 g getrocknete weiße Bohnen
Saft und abgeriebene Schale von
2 Biozitronen | 1 Zweig Zitronen-
thymian | 2 Karotten | 1 kleiner
Brokkoli | 200 g Zucker-
schoten | 8 junge Knoblauchze-
hen | 1 Zwiebel | 2–3 EL Butter
Salz | schwarzer Pfeffer aus der
Mühle | Honig | je 4 Zweige
Thymian und Rosmarin | 8 EL
Olivenöl | je 1 Prise Zucker und
frisch geriebene Muskatnuss
Gemüsebrühe | Öl zum Braten

❚ Die Bohnen 12 Stunden in kaltem Wasser einweichen, abseihen und abbrausen. Mit 1,2 Liter Wasser, Zitronenschale und -thymian 1 Stunde leise köcheln lassen.

❚ Zwei Knoblauchzehen und Zwiebel schälen und fein würfeln, in der heißen Butter farblos anbraten. Den Saft von ½ Zitrone und die Bohnen dazugeben, mit Salz, Pfeffer und Honig abschmecken, Deckel auflegen und warm halten.

❚ Den Backofen auf 180 °C (Ober-/Unterhitze) vorheizen. Restlichen Knoblauch schälen und in Scheiben schneiden. Kräuter waschen und trocken schütteln. Fisch kalt waschen, trocken tupfen und die Haut auf beiden Seiten einige Male einritzen. Mit Salz, Pfeffer und dem Saft von 1 Zitrone würzen, mit Knoblauchscheiben und je einem Thymian- und Rosmarinzweig füllen.

❚ Doraden in 4 Esslöffeln heißem Olivenöl von beiden Seiten anbraten und auf ein Backblech legen. Mit dem restlichen Olivenöl beträufelt im Backofen 20–25 Minuten backen.

❚ Die Karotten schälen und in dünne Streifen schneiden. Brokkoli in Röschen zerteilen und waschen. Zuckerschoten waschen und längs halbieren. Alles in 4 Esslöffeln Öl anbraten und mit Salz, Zucker und Muskat und Zitronensaft würzen. Etwas Brühe angießen und das Gemüse schwenken. Die Zitronenbohnen zur Dorade servieren.

Backfisch mit Kaiserschoten und Zitronenmayonnaise

Zubereitung: 35–40 Minuten

Zutaten

700–800 g weißes Fischfilet
500 g Kaiserschoten | 4 Eigelb
Saft und abgeriebene Schale von
1 Biozitrone | Salz | Zucker
500 ml Olivenöl | schwarzer
Pfeffer aus der Mühle | 2 EL Butter
50 ml Weißwein | einige Zweige
Minze | 2 Eier | 125 ml Bier
125 g Mehl | 1 Msp. Paprikapulver
Mehl zum Wenden
Öl zum Frittieren

❚ Eigelbe mit 2 Esslöffeln Zitronensaft, -schale, 2 Esslöffeln Wasser und je 1 Prise Salz und Zucker verrühren. Das Olivenöl unter Rühren tröpfchenweise mit dem Handrührgerät einarbeiten. Eventuell noch einige Tropfen Wasser dazugeben. Mit Salz und Pfeffer abschmecken, mit Folie abgedeckt kühl stellen.

❚ Kaiserschoten waschen und längs halbieren, in der heißen Butter farblos anschwitzen und mit Salz und Zucker würzen. Wein zugießen und die Temperatur reduzieren. Minze waschen, trocken schütteln, die Blätter fein schneiden und kurz vor dem Servieren unter die Kaiserschoten rühren.

❚ Für den Bierteig die Eier trennen. Bier, Mehl, Paprika, Salz und Eigelbe verrühren. Eiweiße steif schlagen und unterheben. 1,5 Liter Öl auf 180 °C erhitzen. Fisch kalt waschen, trocken tupfen und in Stücke schneiden. Mit Salz und Pfeffer würzen, mit Zitronensaft beträufeln, in Mehl wenden. Filets einzeln in den Teig tauchen und im heißen Fett frittieren. Auf Küchenkrepp entfetten. Backfisch mit Kaiserschoten und Mayonnaise servieren.

Landhähnchen mit Puylinsen und Paprika

Zubereitung: 30 Minuten
plus 3 Stunden zum Marinieren
Garzeit: 35–40 Minuten

Zutaten

8 Landhähnchenkeulen
(à 100–150 g) |
200 g Puylinsen
je 1 rote und gelbe Paprikaschote
6 Knoblauchzehen
60 g Basilikum | 30 g glatte
Petersilie | grobes Meersalz
schwarzer Pfeffer aus der Mühle
Saft von ¼ Limette
120 ml Olivenöl
3 Zwiebeln | 1 rote Chilischote
800–900 ml Gemüsebrühe
je 1 Zweig Rosmarin und Thymian
100 ml Weißwein | Öl zum Braten

▎ 4 Knoblauchzehen schälen. Basilikum und Petersilie waschen und trocken schütteln, Blätter abzupfen und mit Meersalz, Pfeffer, Limettensaft und 100 Milliliter Olivenöl pürieren. Die Keulen mit Salz und Pfeffer würzen, mit der Hälfte der Marinade einreiben. Mit Folie bedecken und 3 Stunden kühl marinieren.

▎ Knoblauch und Zwiebeln schälen. 2 Zwiebeln in Ringe schneiden, 1 würfeln, Knoblauch in Streifen schneiden. Paprika putzen, waschen und in Streifen schneiden. Chili putzen, entkernen und in Ringe schneiden.

▎ Knoblauch und Zwiebelwürfel in 2 Esslöffeln Öl 1 Minute scharf anbraten. Brühe angießen, Linsen und gewaschene Kräuterstiele dazugeben und alles 35–40 Minuten köcheln, bis die Flüssigkeit fast verkocht ist. Kräuterstiele entfernen, mit 2 Esslöffeln Olivenöl, Salz und Pfeffer abschmecken. Warm halten.

▎ Den Backofen auf 180 °C (Ober-/Unterhitze) vorheizen. Zwiebelringe, Paprika und Chili in eine Auflaufform geben. Mit Salz, Pfeffer und 1 Esslöffel Marinade vermischen. Keulen auflegen, Wein angießen und alles im Backofen etwa 40 Minuten backen, zwischendurch immer wieder mit Bratensaft beträufeln.

▎ Keulen kurz aus dem Backofen nehmen. Die Temperatur auf 200 °C Oberhitze erhöhen und die Keulen auf der oberen Schiene in wenigen Minuten von allen Seiten kross grillen. Das Gemüse mit den warmen Linsen vermischen, abschmecken und mit den Keulen servieren.

Marinierte Putenspieße mit Erdnusssauce

Zubereitung: 30 Minuten plus
1 Stunde zum Marinieren

Zutaten

500–600 g Putenbrustfilet
200 g Erdnüsse | 2 Knoblauch-
zehen | 1 EL süßsaure Chilisauce
1 EL Fischsauce | 4 TL Sambal
Oelek | 30 g frischer Ingwer
6 EL Sesamöl | 400 ml Kokos-
milch | Saft von ½ Biozitrone
3 EL süße Sojasauce
1 EL Palm- oder Rohrzucker

▎ Für die Marinade Knoblauch schälen und fein hacken. Mit Chili- und Fischsauce und 2 Teelöffeln Sambal Oelek mischen. Putenbrust in 16 Streifen von 30–40 Gramm schneiden, in die Marinade legen und 60 Minuten kühl marinieren.

▎ Inzwischen Erdnüsse in einer Pfanne ohne Fett rösten, herausnehmen und hacken. Ingwer schälen und fein hacken. Erdnüsse und Ingwer in 3 Esslöffeln Sesamöl 2 Minuten braten. Kokosmilch, Zitronensaft, süße Sojasauce, Palmzucker und 2 Teelöffel Sambal Oelek dazugeben. Temperatur reduzieren und die Sauce unter Rühren 10 Minuten sämig köcheln.

▎ Putenstreifen wellenförmig auf Spieße stecken und in 3 Esslöffeln Sesamöl von beiden Seiten je 1 Minute kräftig anbraten. Temperatur reduzieren, die Spieße unter Wenden in 4–5 Minuten fertig braten und mit der Erdnusssauce servieren.

Rindfleischtopf mit Mungbohnen

Ein asiatischer Eintopf, der dank der Kokosmilch und der Bohnen schön sämig wird.

Zubereitung: 15–20 Minuten
plus 12 Stunden zum Einweichen
Garzeit: 50–60 Minuten

Zutaten

800 g Rindfleisch
(zum Schmoren)
200 g getrocknete Mungbohnen
2 Zwiebeln | 2 Knoblauchzehen
50 g frischer Ingwer
2 Stangen Zitronengras
2 EL Sesamöl
2 EL grüne Currypaste
Salz | 400 ml Kokosmilch
400 ml Gemüsebrühe
2 Kaffirlimettenblätter
Sojasauce | Fischsauce

▍ Die Mungbohnen 12 Stunden in reichlich kaltem Wasser einweichen, abseihen und abbrausen.

▍ Das Rindfleisch in mundgerechte Stücke schneiden. Zwiebeln, Knoblauch und Ingwer schälen. Die Zwiebeln würfeln, den Ingwer und den Knoblauch fein hacken. Das Zitronengras in drei bis vier grobe Stücke schneiden.

▍ Das Sesamöl in einem großen Topf erhitzen. Das Rindfleisch darin von allen Seiten heiß anbraten. Die Temperatur reduzieren. Zwiebeln, Knoblauch, Ingwer, Currypaste und Salz hinzufügen und einige Minuten bei mittlerer Temperatur unter Rühren mitbraten.

▍ Die Kokosmilch und die Gemüsebrühe angießen. Mungbohnen, Zitronengras und Kaffirlimettenblätter dazugeben. Alles aufkochen und 50–60 Minuten köcheln lassen. Zum Servieren mit Sojasauce und Fischsauce abschmecken.

Chili con Carne

Der Klassiker – hier einmal nicht mit Bohnen aus der Dose …

Zubereitung: 15–20 Minuten
plus 12 Stunden zum Einweichen
Garzeit: 1 Stunde

Zutaten

200 g getrocknete Kidneybohnen
600 g Hackfleisch
2 Zwiebeln
4 Knoblauchzehen
2 rote Chilischoten
500 g Tomaten | 3 EL Olivenöl
Salz | 1 Msp. gemahlener Kreuzkümmel | 1 Msp. Paprikapulver
500 g passierte Tomaten
1 EL Tomatenmark
200–300 ml Gemüsebrühe
schwarzer Pfeffer aus der Mühle

▍ Die Kindneybohnen 12 Stunden in kaltem Wasser einweichen, abseihen und abbrausen.

▍ Die Bohnen mit 1,2 Liter Wasser aufkochen. Bei halb aufgelegtem Deckel 60 Minuten leise köcheln lassen. Die Bohnen abgießen. Währenddessen Zwiebeln und Knoblauch schälen und würfeln. Die Chilischoten putzen, entkernen und fein hacken. Die Tomaten waschen und würfeln.

▍ Hackfleisch bei starker Temperatur im heißen Öl rundherum anbraten. Temperatur reduzieren und Zwiebeln, Knoblauch sowie Chili dazugeben. Alles 2 Minuten braten und mit Salz, Kreuzkümmel und Paprika kräftig abschmecken.

▍ Tomatenwürfel, passierte Tomaten, Tomatenmark, Gemüsebrühe und Bohnen hinzufügen. Bei mittlerer Temperatur 60 Minuten köcheln lassen, dabei gelegentlich umrühren. Falls nötig, noch Flüssigkeit zugießen. Das Chili ist fertig, wenn die Sauce schön sämig eingekocht ist. Am Ende der Garzeit kräftig mit Salz und Pfeffer abschmecken und beispielsweise mit Reis servieren.

Rollbraten mit Bohnen-Walnuss-Füllung

Walnüsse, Bohnen und Äpfel geben dem deftigen Rollbraten ein fruchtig-herbstliches Aroma.

Zubereitung: 40 Minuten
Garzeit: etwa 2 Stunden 30 Minuten
(Bild Seite 132)

Zutaten

1 Schweinerollbraten
(ca. 1 kg; küchenfertig)
200 g Flageoletbohnen
(aus der Dose)
50 g Walnüsse
3 Zweige Bohnenkraut
½ Bund glatte Petersilie
100 g Speck
1 Apfel
5 Zwiebeln
Salz
schwarzer Pfeffer aus der Mühle
Saft von ¼ Zitrone
4 EL Dijonsenf
2 EL Röstzwiebeln
500 ml Bier
etwas Mehl
50 g kalte Butter
Öl zum Braten

▌ Die Walnüsse in einer Pfanne ohne Fett rösten, herausnehmen und hacken. Die Bohnen abseihen und abspülen. Bohnenkraut und Peter-silie waschen, trocken schütteln, die Blätter fein schneiden.

▌ Den Speck fein würfeln und in einer Pfanne ohne Fett rösten. Den Apfel und eine Zwiebel schälen, fein würfeln und 1 Minute mit dem Speck braten. Alles mit Kräutern, Walnüssen und Bohnen verrühren, mit Salz und Pfeffer abschmecken.

▌ Den Backofen auf 160–170 °C (Ober-/Unterhitze) vorheizen. Den Rollbraten rundherum mit Salz und Pfeffer einreiben. Auf der Innenseite mit Dijonsenf bestreichen, mit den Röstzwiebeln und der Bohnen-masse füllen und von der langen Seite her fest einrollen, mit Küchengarn binden.

▌ Die restlichen Zwiebeln schälen und grob würfeln. Öl in einem Bräter erhitzen und den Braten darin von allen Seiten anbraten. Die Zwiebeln 1 Minute mitbraten. Das Bier angießen und den Braten im Backofen 2,5–3 Stunden braten, immer wieder drehen und mit Bratflüssigkeit übergießen. Falls nötig, etwas Wasser nachgießen. Der Braten ist fertig, wenn er beim Einstechen von der Fleischgabel rutscht.

▌ Zum Servieren die Sauce durch ein Sieb abseihen, auf die Hälfte einkochen und abschmecken. Nach Belieben mit Mehl binden und zum Schluss die kalte Butter einrühren.

Rinderfilet mit Erbsen-Karotten-Püree und Zitronenpfeffer

Das edle Rinderfilet schmeckt bestens zum cremigen Erbsen-Karotten-Püree. Etwas Minze sorgt für Frische.

Zubereitung: 40 Minuten
Garzeit: etwa 6–8 Minuten
(Bild Seite 133)

Zutaten

4 Rindermedaillons (à ca. 400 g)
500 g gepalte frische Erbsen,
ersatzweise TK
2 große Karotten
1 große, mehlig kochende Kartoffel
Zitronenpfeffer
100 g Butter
Salz
Zucker
50 ml Weißwein
250 ml Gemüsebrühe
1 Zweig Minze
abgeriebene Schale von 1 Biozitrone
bunter Pfeffer aus der Mühle
4–8 Scheiben Speck
3 EL Dijonsenf
Fleur de Sel
Butter und Öl zum Braten

■ Kartoffel waschen, schälen und fein würfeln, in 2 Esslöffeln Butter mit den Erbsen anschwitzen. Salz, Zucker und Wein hinzufügen und 200 Milliliter Brühe zugießen. Alles aufkochen und die gewaschene Minze dazugeben. 6–8 Minuten köcheln. Minze herausnehmen und alles mit übriger Butter pürieren, abschmecken, warm halten.

■ Karotten schälen und fein würfeln, in 2 Esslöffeln Butter anschwitzen. Temperatur reduzieren und alles mit Salz und Zucker würzen. 2 Esslöffel Brühe zugießen und die Karotten in 2 Minuten bissfest schmoren, unter das Püree mischen.

■ Zitronenschale mit 3 Esslöffeln grob gemahlenem Pfeffer vermischen. Medaillons mit Salz und Zitronenpfeffer würzen. An den Seiten mit Senf einreiben und die Medaillons mit Speck umwickeln.

■ Den Backofen auf 150–160 °C (Ober-/Unterhitze) vorheizen. Medaillons in 3 Esslöffeln Öl rundherum anbraten. Auf einem Rost im Backofen in 10–15 Minuten rosa braten, dabei ein tiefes Blech für den Fleischsaft darunterschieben und einmal umdrehen. Mit Püree, Salz und Zitronenpfeffer servieren.

Tipp: Dazu schmeckt braune Butter oder Pesto. Wenn Sie sich unsicher sind, wann die Medaillons rosa gebraten sind, kontrollieren Sie die Kerntemperatur mit einem digitalen Fleischthermometer. Beträgt die Temperatur 54–58 °C, ist das Fleisch innen gerade rosa.

Wildgeschnetzeltes mit Berglinsen und Trauben

Keine Angst vor Wild – Es schmeckt köstlich! Sein Geschmack harmoniert besonders gut mit Früchten und Gewürzen.

Zubereitung: 35–40 Minuten
Garzeit: 40 Minuten

Zutaten

Für das Wildgeschnetzelte
800 g Reh- oder Hirschfleisch
(zum Kurzbraten)
1 Schalotte
1 Knoblauchzehe
30 g frischer Ingwer | Salz
schwarzer Pfeffer aus der Mühle
100 ml Rotwein
150–200 ml Gemüsebrühe
3 Zweige Thymian
Saft von 1 Orange
1 Msp. gemahlener Koriander
je 1 kleine Zimtstange und Sternanis
100 g kalte Butter
Öl zum Braten

Für die Berglinsen
250 g Berglinsen
200 g kernlose Weintrauben
3 rote Zwiebeln
2 Zweige Thymian
750 ml Gemüsebrühe
2 EL alter Balsamicoessig | Salz
schwarzer Pfeffer aus der Mühle
6 Zweige glatte Petersilie
1 Prise brauner Zucker
100 g Crème fraîche
Öl zum Braten

❚ Für die Berglinsen die Zwiebeln schälen und fein würfeln, in 2 Esslöffeln Öl mit den gewaschenen Thymianzweigen anschwitzen. Brühe angießen, Linsen dazugeben und alles 40 Minuten köcheln. Balsamico dazugeben, mit Salz und Pfeffer abschmecken und warm halten. Petersilie waschen, trocken schütteln, die Blätter fein schneiden. Mit einem feuchten Tuch bedeckt kühl stellen.

❚ Für das Geschnetzelte Schalotte und Knoblauch schälen und fein würfeln. Ingwer schälen, würfeln und zerdrücken. Fleisch blättrig schneiden und in 3 Esslöffeln Öl von allen Seiten anbraten. Temperatur reduzieren, Zwiebeln, Knoblauch und Ingwer 2 Minuten mitbraten. Alles mit Salz und Pfeffer würzen und mit Wein ablöschen. Wein einkochen und 150 Milliliter Brühe zugießen.

❚ Den gewaschenen Thymian, Saft von ½ Orange, Koriander, Zimt und Sternanis hinzufügen, aufkochen und 2–3 Minuten köcheln. Falls nötig, etwas Brühe nachgießen.

❚ Weintrauben waschen und in 1 Esslöffel Öl 2 Minuten braten. Mit Zucker bestreuen, 1 Minute karamellisieren und mit dem restlichen Orangensaft beträufeln.

❚ Linsen und Geschnetzeltes vor dem Servieren nochmals kurz aufkochen. Linsen mit Petersilie und Crème fraîche verrühren und abschmecken. Das Geschnetzelte mit der kalten Butter verfeinern und mit Linsen und Trauben servieren.

Lammkarree mit Rosmarin und Speckböhnchen

Ein Klassiker, der jedes Mal hervorragend schmeckt und einfach nicht langweilig werden will.

Zubereitung: 45–50 Minuten
Garzeit: 4–6 Minuten

Zutaten

Für das Lammkarree
4 Lammkarrees (à 200–250 g)
2 Zweige Rosmarin
2 Bund Basilikum
½ Bund glatte Petersilie
100 g Cashewkerne
75 g Hartkäse
(z.B. Pecorino oder Parmesan)
100 ml Olivenöl
1 TL Zitronensaft
Salz
schwarzer Pfeffer aus der Mühle
6 Knoblauchzehen
Öl zum Braten

Für die Speckböhnchen
500 g Keniabohnen
16 Speckscheiben
Salz
1 EL Butter

▌ Keniabohnen waschen und putzen, in 1,5 Liter kochendem Salzwasser 4–6 Minuten blanchieren. Kurz kalt abbrausen. Speckscheiben auf die Arbeitsfläche legen. Je 30 Gramm Bohnen in eine Speckscheibe legen und fest einrollen.

▌ Kräuter waschen, trocken schütteln, die Blätter fein hacken. Cashewkerne ohne Fett rösten und hacken. Hartkäse fein reiben. Kräuter mit Nüssen, Olivenöl, Zitronensaft und Hartkäse zu einer dicken Paste verrühren. Eventuell noch etwas Öl dazugeben, mit Salz und Pfeffer abschmecken.

▌ Das Fleisch von der oberen Fettschicht befreien und rundherum mit Salz und Pfeffer würzen. Im heißen Öl von allen Seiten kurz anbraten. Knoblauch schälen und mitbraten.

▌ Den Backofen auf 150 °C (Ober-/Unterhitze) vorheizen. Knoblauch und Karrees in eine feuerfeste, flache Form legen, die Fleischseite soll dabei oben liegen. Kräuterkruste auf den Lammkarrees verteilen und gut andrücken, im Backofen 18–20 Minuten backen. Inzwischen die Speckbohnen in der heißen Butter von allen Seiten kross braten.

▌ Karrees herausnehmen und mit Alufolie bedecken. Den Backofen auf 220 °C (Oberhitze/Grill) hochschalten und das Fleisch (Folie abnehmen!) auf der oberen Schiene noch 2 Minuten überbacken. Speckbohnen mit Lammkarrees servieren.

Couscous mit Kichererbsen und Lamm

Das ganze Haus duftet nach orientalischen Aromen, wenn Sie diesen leckeren Eintopf zubereiten.

Zubereitung: 25 – 30 Minuten
plus 12 Stunden zum Einweichen
Garzeit: 60 Minuten

Zutaten

Für den Kichererbsen-Lamm-Eintopf
100 g getrocknete Kichererbsen
600 g Lammfleisch
1 Zwiebel
2 Knoblauchzehen
200 g Zucchini
2 Paprikaschoten
250 g Karotten
3 EL Olivenöl
Salz
schwarzer Pfeffer aus der Mühle
½ TL gemahlener Kreuzkümmel
1 EL Tomatenmark
Öl zum Braten

Für das Couscous
240 g Couscous
Brühe
Salz
Zucker
Saft von ¼ Zitrone
Olivenöl
½ Bund glatte Petersilie

▮ Kichererbsen 12 Stunden in kaltem Wasser einweichen, abseihen und abbrausen. Mit Wasser aufkochen, Temperatur reduzieren und den Deckel so auflegen, dass ein Spalt offen bleibt, 60 Minuten garen.

▮ Couscous waschen und in einem Dämpfeinsatz in einen Topf setzen, Gegebenenfalls mit einem Küchentuch abdichten. Zugedeckt 60 Minuten köcheln, dabei immer wieder auflockern und mit Brühe übergießen.

▮ Zwiebel und Knoblauch schälen und würfeln. Zucchini waschen und in 1 Zentimeter dicke Stücke schneiden. Paprika putzen, waschen und in 2 × 2 Zentimeter große Rauten schneiden. Karotten schälen und in 5 Millimeter dicke Stücke schneiden.

▮ Lammfleisch würfeln und im heißen Öl scharf anbraten. Temperatur reduzieren, Zwiebel dazugeben und 2 Minuten mitbraten. Übriges Gemüse hinzufügen und 4 Minuten braten. Mit Salz, Pfeffer und Kreuzkümmel würzen. Tomatenmark und Kichererbsen dazugeben, 1,5 Liter Wasser zugießen und 15 Minuten köcheln. Abschmecken und die Sauce eventuell noch etwas einkochen.

▮ Zum Servieren das Couscous auflockern und mit Salz, Zucker, Zitronensaft und Olivenöl abschmecken. Petersilie waschen, trocken schütteln, die Blätter fein schneiden und unter das Couscous rühren. Couscous auf Tellern anrichten und den Kichererbsen-Lamm-Eintopf darübergeben.

Süßes

Das Beste zum Schluss. Lassen Sie sich
überraschen – von süßen Hülsenfrüchten! Gibt
es das? Ja, denn in cremigen Desserts, eiskalten
Drinks und knusprig-nussigen Cookies zeigen
Hülsenfrüchte auch mal ein anderes Gesicht. Und
probieren Sie unbedingt die Rote-Bohnen-Eis-
creme ...

Erdnusscookies

Diese knackigen Kekse schmecken nicht nur an Weihnachten.

Zubereitung: 15 – 20 Minuten
Backzeit: 10 – 15 Minuten

Zutaten

350 g Erdnüsse
260 g Mehl
¾ TL Backpulver
200 g grobe Haferflocken
Salz
abgeriebene Schale von
je 1 Bioorange und Biozitrone
Mark von ¼ Vanilleschote
225 g Butter
225 g Zucker
1 Ei
Puderzucker zum Bestauben

▌ Den Backofen auf 200 °C (Ober-/Unterhitze) vorheizen. Die Erdnüsse auf ein Backblech geben und im Backofen in 10 – 15 Minuten goldbraun rösten.

▌ Das Mehl mit dem Backpulver, den Haferflocken und Salz in eine Schüssel geben. Die Orangen- und Zitronenschale, das Vanillemark sowie die Butter, den Zucker und das Ei hinzufügen und alles zu einem glatten Teig verkneten. Die Erdnüsse zügig unterkneten.

▌ Den Backofen auf 180 °C (Ober-/Unterhitze) schalten. Ein Backblech mit Backpapier auslegen. Den Teig mit zwei Löffeln häufchenweise daraufsetzen, dabei genügend Abstand zwischen den Plätzchen lassen. Die Cookies im Backofen in 10 – 15 Minuten goldbraun backen. Zum Servieren mit Puderzucker bestreuen.

Tipp: Die Cookies werden besonders knusprig, wenn man die Hälfte der Erdnüsse durch Erdnusskrokant ersetzt (Rezept dazu siehe unten).

Erdnusskrokant

Perfekt zum Knuspern

Zubereitung: 10 – 15 Minuten

Zutaten

250 g Erdnüsse
Zucker

▌ Für den Krokant die Erdnüsse in einer Pfanne ohne Fett erhitzen. Mit einem Holzlöffel rühren und nach und nach esslöffelweise Zucker dazugeben. Immer erst dann wieder einen Löffel Zucker dazugeben, wenn die vorherige Portion vollständig karamellisiert ist und von den Nüssen aufgenommen worden ist. So lange fortfahren, bis die Erdnüsse gut mit Karamell ummantelt sind. Den Erdnusskrokant auf Backpapier abkühlen lassen.

Tipp: Auf die gleiche Weise können Sie auch einen Haselnuss- oder Mandelkrokant zubereiten.

Süßes

Sojawaffeln mit Beerensahne

Das hier verwendete Sojamehl steckt voller Eiweiß und Mineralstoffe.

Zubereitung: 35 – 40 Minuten

Zutaten

100 g Sojamehl
600 g gemischte Beeren
250 g Sahne
150 g Butter
100 g Zucker
Mark von 1 Vanilleschote
4 Eier
200 g Mehl
1 TL Backpulver
300 ml Milch
Zucker für die Sahne
und die Beeren

▌ Die Butter mit dem Zucker und dem Vanillemark schaumig schlagen. Die Eier nach und nach unterrühren. Das Sojamehl und das Mehl mit dem Backpulver mischen und abwechselnd mit der Milch in den Teig rühren.

▌ Die Beeren waschen, verlesen und auf Küchenkrepp trocknen lassen. Die Sahne mit etwas Zucker halbsteif schlagen. Ein Drittel der Beeren pürieren, dazugeben und die Sahne steif schlagen. Ein weiteres Drittel der Beeren mit einem Löffel unterziehen. Das restliche Drittel der Beeren leicht zuckern und zu den Waffeln servieren.

▌ Die Waffeln im heißen Waffeleisen ausbacken und noch heiß mit der Sahne und den Beeren servieren.

Blaubeer-Lupinen-Küchlein

Diese Pfannküchlein werden schön luftig und schmecken wunderbar fruchtig.

Zubereitung: 25–30 Minuten
Für 8–12 Küchlein

Zutaten

250 g Blaubeeren
50 g Lupinenmehl
4 Eigelb
80 g Zucker | 200 g Quark
abgeriebene Schale von je 1
unbehandelten Biozitrone und -
orange
1 TL gemahlener Zimt
3 Eiweiß
Salz
50 g Milch
50 g Mehl
Öl und Butter zum Backen
Zucker

■ Die Blaubeeren waschen, auf Küchenkrepp abtropfen lassen und verlesen. Die Eigelbe mit dem Zucker schaumig rühren. Den Quark und die Gewürze hinzufügen. Die Eiweiße mit 1 Prise Salz steif schlagen. Den Eischnee, die Milch sowie das Lupinenmehl und das Mehl mischen und unter die Eigelb-Quark Masse ziehen.

■ 2 Esslöffel Öl in einer beschichteten Pfanne erhitzen und Häufchen von je 2 Teelöffeln Teig hineingeben. Auf jedes Teighäuflein 1 Teelöffel Blaubeeren setzen. Wenn die Küchlein von der Unterseite goldbraun sind, vorsichtig wenden und fertig braten. Nach Belieben einen Stich Butter dazugeben und die Küchlein mit Puderzucker bestreuen.

Tipp: Lupinenmehl und andere Lupinenprodukte bestellen Sie am besten im Internet (siehe Seite 159).

Kichererbsencrêpes mit Aprikosen und Vanilleeis

Eine fruchtig-sommerliche Zubereitung des französischen Pfannkuchenklassikers

Zubereitung: 40 Minuten
Für 8–12 Crêpes

Zutaten

50 g Kichererbsenmehl
600 g vollreife Aprikosen
400 g Vanilleeis
250 ml Milch
2 Eier
50 g flüssige Butter
1 EL Zucker
50 g Dinkelmehl
Salz
Puderzucker
Öl zum Ausbacken

■ Für die Crêpes die Milch mit den Eiern, der Butter, dem Zucker, dem Kichererbsen- und dem Dinkelmehl sowie 1 Prise Salz zu einem glatten Teig verrühren.

■ Eine beschichtete Pfanne mit Öl ausreiben, 1 Kelle Teig hineingeben und eine dünne Crêpe ausbacken. So weiter verfahren, bis der Teig verbraucht ist.

■ Für die Füllung die Aprikosen waschen, in Spalten schneiden, entkernen und mit Puderzucker bestauben. Die Crêpes mit Vanilleeis und Aprikosen füllen und sofort servieren.

Papadam mit Früchten

Die süße Variante der indischen Brotfladen

Zubereitung: 30–40 Minuten
plus 1 Stunde zum Ruhen
Backzeit: 20 Minuten

Zutaten

100 g Linsenmehl
1 Orange
100 g Trauben
1 Kiwi
2 Pflaumen
3 vollreife Feigen
200 g Mehl
Salz
70 g Puderzucker
2 Zweige Minze
1 TL Honig
Öl für die Arbeitsfläche

▌ Für den Teig das Linsenmehl und das Mehl mit 1 Prise Salz in einer Schüssel vermischen. Nach und nach 150 Milliliter Wasser dazugeben. Alles zu einem festen Teig verkneten. Sollte der Teig kleben, noch mehr Mehl unterkneten. Den Teig zu einer Kugel formen, in Folie einpacken und mindestens 60 Minuten ruhen lassen.

▌ Den Backofen auf 150 °C vorheizen. Den Teig zu einer 5 Zentimeter dicken Rolle formen. Diese in etwa 2 Zentimeter dicke Scheiben schneiden. Auf einer geölten Arbeitsfläche jede Scheibe zu einem sehr, sehr dünnen und möglichst runden Fladen ausrollen. Die Fladen vorsichtig lösen und auf ein mit Backpapier ausgelegtes Backblech legen. Im Backofen in etwa 20 Minuten goldbraun backen.

▌ Für den Obstsalat die Minze waschen, trocken schütteln, die Blätter abzupfen und fein schneiden. Die Orange schälen und filetieren. Den Saft aus dem restlichen Fruchtfleisch pressen und auffangen. Die übrigen Früchte waschen, Kiwi schälen und in mundgerechte Stück schneiden. Alle Früchte mit dem Orangensaft und der gehackten Minze vermischen. Nach Belieben mit Honig abschmecken und zu den Fladen servieren.

Tipp: Dazu passt Honigjoghurt. Dafür 200 Gramm Naturjoghurt mit 1–2 Esslöffeln Honig verrühren.

Sojapudding mit Kirschen und Streuseln

Ein grandioses Dessert für Groß und Klein

Zubereitung: 30 Minuten
Backzeit: 15–20 Minuten
Für 6–8 Gläser à 100–150 ml Inhalt

Zutaten

Für den Sojapudding
500 ml Sojamilch
40 g Speisestärke
3 Eigelb
1 Vanilleschote
40 g Zucker

Für die Sauerkirschen
1 Glas Sauerkirschen
(370 g Abtropfgewicht)
10 g Speisestärke
abgeriebene Schale von
je ½ Bioorange und Biozitrone
20 g Zucker

Für die Streusel
150 g Mehl
1 Prise Salz
1 Msp. gemahlener Zimt
75 g Zucker
100 g kalte Butter

▌ Die Stärke mit 100 Milliliter Sojamilch und den Eigelben anrühren. Die restliche Sojamilch mit der ausgekratzten Vanilleschote, dem Vanillemark und dem Zucker aufkochen. Die Stärke-Eier-Milch in die kochende Sojamilch einrühren und einige Minuten unter Rühren kochen. Den Pudding abkühlen lassen, dabei zwischendurch immer wieder durchrühren.

▌ Die Kirschen abseihen, dabei den Saft auffangen und 250 Milliliter abmessen. Die Stärke mit 2 Esslöffeln kaltem Kirschsaft anrühren. Den restlichen Saft mit der Orangen- und Zitronen-schale sowie dem Zucker aufkochen. Die Stärke einrühren und den Kirschsaft unter Rühren 3–4 Minuten köcheln lassen. Die Kirschen in die heiße Sauce geben.

▌ Den Backofen auf 180 °C (Ober-/Unterhitze) vorheizen. Ein Backblech mit Backpapier auslegen. Für die Streusel das Mehl mit dem Salz, dem Zimt und dem Zucker mischen. Zügig mit der Butter vermengen und den Streuselteig auf das Backblech bröseln. Die Streusel im Backofen in 15–20 Minuten goldbraun backen.

▌ Zum Servieren den Pudding mit einem Stabmixer aufrühren und in Gläsern oder Dessertschalen verteilen. Die Kirschen und die Streusel daraufschichten. Lauwarm oder kalt servieren.

Rote-Bohnen-Eiscreme

Klingt abenteuerlich. Und ist ab sofort mein Lieblingseis.

**Zubereitung: 30–40 Minuten
plus 40 Minuten zum Tiefkühlen
Für 6 Personen**

Zutaten

420 g Adzukibohnenpaste
(aus der Dose)
600 ml Kokosmilch
¼ Vanilleschote
abgeriebene Schale von
1 unbehandelten Limette
100 g Zucker
6 Eigelb

▌ Die Kokosmilch und die Bohnenpaste mit der ausgekratzten Vanilleschote, dem Vanillemark, der Limettenschale und dem Zucker aufkochen.

▌ Die Eigelbe mit der Kokos-Bohnen-Milch in eine große Rührschüssel geben. Auf dem Wasserbad etwa 20 Minuten rühren, bis die Masse dicklich wird. Anschließend auf Eiswürfeln kalt rühren. Die Masse in der Eismaschine gefrieren und mit Früchten nach Wahl servieren.

Tipp: Wenn Sie keine Eismaschine besitzen, können Sie das Eis auch im Tiefkühlfach zubereiten. Die Masse dazu einfrieren und immer wieder zwischendurch herausnehmen und mit dem Stabmixer pürieren. Damit so lange fortfahren, bis das Eis cremig gefroren ist.

Halbgefrorener Sojashake mit Zimt

Einfacher und köstlicher kann ein Milchshake nicht sein.

**Zubereitung: 10 Minuten
plus 4–5 Stunden zum Tiefkühlen
Für 4 Latte-Macchiato-Gläser à 300 ml Inhalt**

Zutaten

800 ml Sojamilch
1 TL gemahlener Zimt
100–120 g Puderzucker
250 ml Sojamilch für den Milchschaum
gemahlener Zimt zum Bestreuen

▌ Die Sojamilch mit dem Puderzucker und dem Zimt verrühren. In einer Rührschüssel in das Tiefkühlfach stellen. Die Masse anfrieren lassen. Zwischendurch immer wieder herausnehmen und mit dem Stabmixer durchmixen. Die eiskalte Masse abschließend in Gläser füllen und darin wiederum einfrieren.

▌ Vor dem Servieren die restliche Sojamilch auf 70 °C erwärmen. Mit einem Milchaufschäumer aufschäumen. Die Sojashakes mit Milchschaum garnieren und mit Zimt bestreut servieren.

**Alle Rezepte verstehen sich, sofern nicht anders angegeben, für 4 Personen.
Die Garzeiten geben die reine Zeitdauer zum Garen der Hülsenfrüchte an.**

Bezugsquellen

www.asiamarket-stuttgart.de

www.bosfood.de

Lupinenmehl:
www.amazon.de/gp/product/B003Z4MF56/ref=olp_
product_details?ie=UTF8&me=&seller <http://www.
amazon.de/gp/product/B003Z4MF56/ref=olp_product_
details?ie=UTF8&me=&seller